本书为

浙江省科学技术厅软科学重点项目"浙江省网络通信（含5G）创新
链技术发展路线图研究"（项目号：2023C25034）、国家自然科
学基金青年项目"'双循环'背景下产业链本地化与全球化融合的
空间动力机制研究"（项目号：72104215）、浙江省哲学社会科学
部门合作专项课题"以高能级创新平台为载体提升长三角人才国际
比较竞争优势研究"（项目号：23BMHZ094YB）的研究成果。

TECHNOLOGICAL INNOVATION AND
INDUSTRIAL CONVERGENCE DEVELOPMENT

技术创新与产业融合发展

金月华 黄 洁 高 然◎著

ZHEJIANG UNIVERSITY PRESS
浙江大学出版社
·杭州·

图书在版编目（CIP）数据

技术创新与产业融合发展 / 金月华，黄洁，高然著.
杭州：浙江大学出版社，2024.6. -- ISBN 978-7-308
-25201-0

Ⅰ．F279.23

中国国家版本馆 CIP 数据核字第 2024N69E16 号

技术创新与产业融合发展

JISHU CHUANGXIN YU CHANYE RONGHE FAZHAN

金月华　黄　洁　高　然　著

策划编辑	吴伟伟
责任编辑	丁沛岚
责任校对	陈　翩
封面设计	雷建军
出版发行	浙江大学出版社
	（杭州市天目山路 148 号　邮政编码 310007）
	（网址：http://www.zjupress.com）
排　　版	杭州星云光电图文制作有限公司
印　　刷	浙江新华数码印务有限公司
开　　本	710mm×1000mm　1/16
印　　张	11.5
字　　数	170 千
版 印 次	2024 年 6 月第 1 版　2024 年 6 月第 1 次印刷
书　　号	ISBN 978-7-308-25201-0
定　　价	68.00 元

前　言

2022 年 10 月 16 日,习近平总书记在中国共产党第二十次全国代表大会上强调,教育、科技、人才是全面建设社会主义现代化国家的基础性、战略性支撑。必须坚持科技是第一生产力、人才是第一资源、创新是第一动力,深入实施科教兴国战略、人才强国战略、创新驱动发展战略、开辟发展领域新动能新优势。[①]

浙江省网络通信产业长期以来保持较快的发展态势,已形成集通信器件、系统整机和行业应用于一体的产业发展格局,行业发展规模位居全国前列。但与国际领先水平相比,仍存在关键核心技术掌握不足、产业链韧性较低、综合竞争力不强等问题,制约了产业高质量发展。为进一步增强浙江网络通信产业发展优势,提升创新链、产业链国内外标准话语权,浙江省先后制定了《中共浙江省委浙江省人民政府关于以新发展理念引领制造业高质量发展的若干意见》《浙江省实施制造业产业基础再造和产业链提升工程行动方案(2020—2025年)》等政策,全力破解浙江省网络通信产业领域的"卡脖子"难题,激发产业创新活力,构建安全稳定的产业链体系。

长三角一体化发展战略是在全球经济格局面临重大挑战,国内经济从高速发展向高质量发展转变的关键历史时刻提出来的国家战略。长三角一体化发展战略实施以来,长三角地区已经在《长江三角洲区域一体化发展规划纲要》《长三角科技创新共同体建设发展规划》等纲领性文件的引领下,紧扣"高质量"和"一体化",初步形成了以企业为主导,政府、科研院所、中介组织和金融机构等联动发展的区域协同创新网络。但是对于如何提升区域协同创新网络的能级,打造占据全球

---

① 中国共产党第二十次全国代表大会文件汇编[M].北京:人民出版社,2022:28.

价值链高端的城市群，并以此为主要空间载体，形成"创新＋空间"的新型发展动力源问题，尚有很大的探索空间。长三角以区域性因素驱动高能级创新平台建设，并以此为载体提升人才国际比较优势，有助于彰显区域标杆样板特色，形成对全国其他地区的示范引领作用。

本书从网络通信产业入手，结合区域经济发展中的外溢效应，从产业和空间两个维度探讨了浙江省推动创新链、产业链、资金链、人才链深度融合的路径，为浙江省加快形成新质生产力提供理论支撑。

本书分为上下两篇，上篇以网络通信产业为主要研究对象，从技术创新角度进行研究。通过梳理浙江省网络通信产业发展的现状，对比全球网络通信产业技术发展进程，分析浙江省网络通信产业的成熟度，从产业链的上、中、下游等各环节中深入挖掘存在的"卡脖子"问题，研判亟须突破的关键领域和核心技术，绘制了浙江省网络通信产业链的技术创新路线图，为提升浙江省网络通信技术自主创新能力提供了新方向和新思路，也为浙江省网络通信产业发展突破技术瓶颈提供了决策参考。

下篇则从区域发展的视角，在较大地理尺度范围内探讨了提升区域技术协同创新网络能级，打造占据全球价值链高端的城市群，并以此为主要空间载体，形成"创新＋空间"新质生产力动力源——人才优势。针对浙江省高端人才供需失衡、人才效能有待提升、高能级创新平台载体不够成熟，以及人才在长三角区域内流动不够充分等问题，本书认为应以科技创新和产业创新作为出发点和落脚点谋划人才规划，通过构建网络型国际人才集聚高地、降低人才参与国际合作的成本、探索"3小时人才集聚圈"等方式提升高能级创新平台与人才之间的紧密度，推动浙江与长三角地区率先在全国形成新质生产力的策源地。

本书在写作过程中，得到了很多专家与学者特别是杭州电子科技大学武健教授、沈炳珍教授、杨王辉博士，浙大城市学院王昊老师，浙江大学徐倩博士的帮助和指导。笔者对所有的意见都进行了细致的整理，并在成稿过程中作出了相应的修改，感谢所有提出宝贵意见的专家学者。

目　录

上篇　技术创新

下篇　人才优势

上篇 技术创新

第一章　网络通信(含 5G)技术的演进

　　2014 年 2 月 27 日,中央网络安全和信息化领导小组成立,中共中央总书记、国家主席、中央军委主席习近平担任组长。在领导小组第一次会议上,习近平总书记首次提出"努力把我国建设成为网络强国"①。十年来,中国互联网行业发生了翻天覆地的变化,不仅深刻改变了人们的生活方式,也推动了社会的进步和发展。根据 2023 年 8 月发布的第 52 次《中国互联网络发展状况统计报告》,我国网民规模从 2012 年的 5.64 亿增加到 2023 年的 10.79 亿,互联网普及率也从 42.1% 提升至 76.4%,我国已成为全球最大的数字经济社会;网络基础设施实现跨越式提升,宽带网络平均下载速率提高近 40 倍;移动通信网络由 3G 演进到 5G,并建成了全球最大规模的 5G 网络,截至 2023 年 9 月,我国累计建成 5G 基站 318.9 万个,5G 移动电话用户达 7.37 亿户。随着 5G 的广泛部署和落地,网络通信未来演进的风向标转向以 6G 为代表的未来通信技术,谁先占领 6G 网络的"制高点",谁就能率先开启万物互联的新时代。

　　值得注意的是,网络通信和移动通信是两个不同概念,但随着移动通信场景的大规模应用,移动通信成为网络通信最关键的技术和最重要的组成部分,因此本书所分析的网络通信(含 5G)技术,主要以移动通信技术为主,并以网络通信(含 5G)为主要研究对象。

---

　　① 　总体布局统筹各方创新发展　努力把我国建设成为网络强国[N].人民日报,2014-02-28(001).

本章首先深入分析网络通信技术的演进过程,对网络通信(含5G)技术的发展阶段、技术特点、未来发展趋势进行系统论述,全面分析当前全球5G网络建设现状及浙江省网络通信(含5G)发展基础。其次,对国内外网络通信(含5G)产业与技术发展开展深入研究。在国外方面,对美国、欧洲及其主要企业的技术进展进行分析;在国内方面,对北京、上海、广东等网络通信(含5G)技术与产业发展相对成熟的地区和企业代表进行分析。再次,通过对网络通信(含5G)的产业链和技术发展方向、6G技术发展方向展开具体论述,绘制具体的网络通信(含5G)发展路线。最后,结合上述研究成果,为浙江省网络通信(含5G)的发展提出具体的方向、路径和对策建议。

第一节　网络通信(含5G)技术发展阶段

网络通信技术作为网络的基础和数字技术的支柱,其升级进程一定程度上引导了互联网和经济增长的发展方向。从全球移动通信技术发展历程来看,每一代移动通信技术从起步、成熟到被下一代技术基本替代的周期一般为十年(如图1-1所示)。

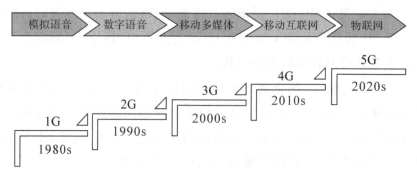

图1-1　国际通信技术发展历程

移动通信自20世纪80年代问世以来,约每十年进行一次技术革新,从20世纪80年代初期的1G时代(第一代蜂窝移动电话系统),直到当前的 5G 时代,在不久的将来,6G 时代将以超高速、超低时延、超大连接的关键能力和万物互联的应用场景,为人类开启信息社会的新一轮变革。

中国的移动通信行业起步较晚,但在改革开放以后逐渐驶入发展快车道。在短短的 30 余年的发展历程中,中国在技术层面不断实现突破,已经从 1G 时代的技术落后发展到 4G 时代与世界比肩同行;在 5G 时代,中国实现弯道超车,与欧美发达国家争夺行业领军者的位置;在持续的技术创新下,中国在 6G 时代的发展未来可期(如图 1-2 所示)。

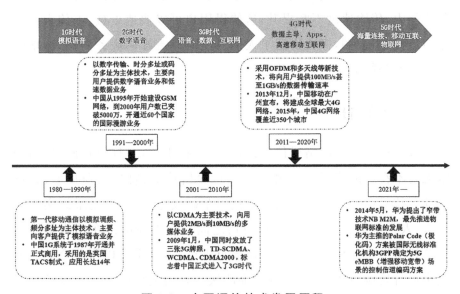

图 1-2　中国通信技术发展历程

第二节　现代网络通信(含 5G)技术特点

现代网络通信技术具有多种特点,这些特点使其能够适应日益增长的数据和语音通信需求,下面是现代网络通信技术的主要特点。

一、高速度

现代网络通信技术能够提供高速的数据传输,高速度是现代通信的一个最大特点,5G 技术可以提供高达 1000 Mbps 甚至更高的数据传输速度。例如,在实际使用中,一个 3GB 左右大小的视频文件,在 5G 网络中仅需 33 秒就能完成下载,速率可以达到 726Mbps,而在 4G 的 LTE Cat.12 网络中下载速率仅为 62.2Mbps,要花费 6 分 25 秒。随着新技术不断向前推进,利用光纤作为传输介质,提供高速的数据传输能力,传输速度不断提升,这使得用户可以快速下载、上传大量数据,观看高清视频,极大满足了人们对高质量流媒体服务的需求,增强了移动办公能力和用户体验感。

二、泛在性

泛在性是一种网络通信用语,来源于拉丁语,又称泛在网络,指网络无所不在。网络通信的最终形式是通信技术、射频识别技术、先进的计算技术以及其他领先的数字技术基础设施的组合,是最终实现人与人、人与机器、人与物甚至物与物之间直接沟通的泛在网络架构的复杂技术形态。移动通信网络覆盖范围广泛,几乎可以覆盖全球。无论用户身处城市还是偏远地区,都能接入移动通信网络。通过各种移动通信网络,人们可以在世界各地进行通信,实现语音通话、数据传输等,只有这样才能支持更加丰富的业务,才能在复杂的场景中应用。

三、可靠性

现代移动通信网络经过精心设计和优化,具有很高的可靠性。在网络覆盖范围内,用户可以保持稳定的通信质量。相较于 4G,5G 通信技术具备更高的稳定性与可靠性。用户可以获得更多的网络保障,支持更加稳定、连续的数据传输。可以通过优化网络、合理地规划网络拓扑结构等来防止同时传输的数据包过多所导致的一定的数据包无法及时到达目标计算机的机制拥塞。现代网络通信可以合理布设通信设备,减少相互之间的干扰,使用信道编码技术,提高信号的抗干扰性,防止通信设备之间的信号干扰影响网络的正常工作。

四、灵活性

移动通信设备(如手机、平板电脑等)轻便易携,用户可以在任何时间、任何地点接入网络,进行通信传输。移动通信不仅支持语音通话和短信传输,还可以传输多媒体内容。如今的移动通信系统具备视频通话、图片传输、在线音乐和视频播放等功能,丰富了人们的通信方式,满足了更多的沟通需求和多样化的通信需求。移动通信技术的普及促进了移动支付的兴起。通过移动终端设备,人们可以进行电子商务、扫码支付等操作,方便快捷。移动通信也推动了智能化发展,提升了生活和工作的便利性。移动通信设备具有良好的移动性和可携带性,无论是智能手机、平板电脑还是其他便携式终端设备,它们都相对小巧轻便,方便携带,这使得人们可以在外出时随时与他人保持联系,满足通信需求。

五、多媒体通信

多媒体通信技术是计算机通信技术实现的重点,同样也是难点。只有实现了多媒体数据通信技术,人们才有更多选择,得以根据自己的需求和兴趣来选择沟通方式和内容,通过文字、图片、音频和视频等多种方式来交流和分享信息。多媒体通信技术允许用户以多种形式表达自己的想法和情感,为他们构建了一个丰富多彩的交流环境,媒体多样性社交媒体平台甚至可以通过算法和数据分析向用户推荐个性化的信息和服务。这种个性化不仅体现在广告和推荐系统上,还体现在个人电子邮件、社交媒体内容和新闻推送上,也在教育、医疗、娱乐和工作等领域得到应用。通过在线课程和教育应用,学生可以根据自己的节奏来学习;医疗保健可以提供远程医疗服务;娱乐内容可以根据个人爱好定制;远程工作也变得更加普遍,使人们能够根据自己的方式安排工作。

六、安全性

网络攻击是指恶意分子利用网络漏洞,入侵网络并盗取、破坏或篡改网络信息的行为。移动通信网络采用多种加密和安全措施,包括防病毒、防火墙、数据加密、身份识别等措施,来保护用户隐私和数据安全。计算机通信能够将多媒体信息转化成二进制,如果在发送端对信息进行报文加密,那么这些二进制代码在传输过程中,就算是被黑客截取,也很难被破译。特别是数字通信与同步传输技术,能够提供更高的传输速率和更好的网络管理能力,抗干扰能力强,原则上只要电信号不被干扰,其传输的距离都是非常长且稳定的。

第三节　网络通信(含5G)技术发展趋势

一、终端设备技术不断更新

随着网络通信(含5G)技术的快速发展,终端设备不断推陈出新,性能愈加完善,引领科技发展及个性化需求。基于智能手机、平板电脑、摄像机和VR设备等新应用不断开发,应用场景日趋多样。其中,可穿戴设备和穿戴式传感器将成为未来移动通信技术的关键应用。高端网络终端设备将进一步改变传统行业与产业,助推产业发展新模式、新业态,助力各行各业数字化转型。

二、无线网络技术不断完善

2023年世界无线电通信大会(WRC)带来6GHz分配的新发展,5G网络、6G网络、Wi-Fi和LTE-A网络及其他新型网络将在传输速度、响应时间、抗干扰能力、海量连接、安全可靠等技术方面实现显著提升,适应日益增长的用户数量和数据量,引领人们迈向全新的无线网络时代。

三、软件定义网络(SDN)技术的广泛应用

SDN(Soft-Defined Networking)是一种新型的网络架构,它通过核心技术 OpenFlow 将网络设备控制面与数据面分离开来,实现网络的集中控制和灵活管理。SDN 广泛应用于数据中心网络、企业网络、云服务提供商、电信运行商、网络安全、物联网、边缘计算等领域。随着网络技术的发展和应用领域的不断扩大,创新应用场景将不断涌现。

四、虚拟网络技术的广泛应用

虚拟网络技术是一种以虚拟化技术为基础的新型网络技术,它能够有效抵抗黑客攻击、网络旁路攻击和网络破坏等安全攻击,主要应用于企业 VPN、虚拟专用服务器、网络虚拟化和桌面虚拟化等。其应用场景的日趋广泛,可有效提升数据安全和传输效率,增强工作的灵活性和用户体验。随着云计算、物联网技术的发展,虚拟网络技术的应用场景将更加广阔。

五、智能硬件和物联网技术的广泛应用

智能硬件是指具备智能化和互联网功能的网络硬件设备;物联网是指通过互联网将万物互联,实现彼此信息交互与数据传输的互联互通网络。物联网技术能够支持大量智能设备之间的无线通信,从而实现智能家居、智慧城市、智慧农业、智慧医疗等,有效提高生活质量、生产效率和管理水平,并通过数据安全与隐私保护机制提高网络服务的可靠性和安全性。

第四节　全球5G网络建设现状

一、全球5G网络稳步发展[①]

截至 2023 年第三季度末,全球 109 个国家和地区的 283 个运营商推出了基于 3GPP 标准的商用 5G 网络,季度新增 5G 商用网络 24 个。全球 5G 基站部署总量超过 481 万个,季度新增 33 万个,年度累计新增 117 万个,季度同比增长 56.17%,环比增长 7.3%,增速较第二季度有所下降,建设速度逐步放缓,进入平稳期。其中,中国 5G 基站累计建成开通 318.9 万个,北美地区约 34 万个,欧洲地区约 32 万个,韩国超 22 万个,日本约 16 万个,其他国家和地区约 59 万个。

二、全球5G用户规模持续递增

2023 年第三季度,全球新增 5G 用户 2.0 亿,年度累计新增 5G 用户 4.1 亿,季度同比增长 57.78%,环比增长 16.39%,增速较前一季度略有提升,但整体呈稳定态势,5G 用户规模扩张进入平稳期。全球 5G 用户总数超过 14.2 亿。其中,中国 5G 用户数超过 7.37 亿,北美约 2.53 亿,欧洲约 1.67 亿,日本约 6800 万,韩国约 3751 万,其他国家和地区约 1.58 亿。

三、全球5G终端生态繁荣发展

5G 终端产业参与者逐步增加,行业发展促进生态繁荣。随着全球 5G 商用的规模推进以及行业应用的快速发展,全球 5G 终端生态逐步健康向好,实现良性发展。参与企业不仅包括终端企业、设备企业、运营商等移动通信企业,还包括行业应用企业。据统计,截至 2023

---

① 数据资料来源:GSA(全球移动通信系统)。

年 9 月,全球发布 5G 终端的厂商达到 490 家,较上季度新增 43 家。其中,发布智能手机 5G 终端的厂商有 129 家(新增 7 家),发布非智能手机 5G 终端的厂商有 395 家(新增 36 家);在国内市场获得进网许可的 5G 终端的厂商有 296 家(新增 18 家),获得智能手机 5G 终端入网许可厂商有 92 家,获得非智能手机 5G 终端入网许可厂商有 223 家。截至 2023 年 9 月,全球 5G 终端达到 2916 款,非手机终端 1449 款,占比超过 49.6%,5G 终端呈现款型多样化发展趋势。随着 5G 网络的快速发展以及工业互联网、车联网等 5G 行业应用的快速推进,越来越多的厂商加大行业终端产品研发投入,CPE、模组、网关、车载单元等终端款型数量持续增加,AR/VR 眼镜、无人机、机器人、游戏 PC 等更多新型 5G 终端出现。5G 终端尤其是行业终端的成熟发展既是 5G 行业应用发展的重要基础,也是 5G 行业应用多样化发展的重要呈现。

四、全球 5G 布局速度加快

从商用网络的地区分布来看,欧洲地区 5G 商用网络数量最多,37 个国家和地区共有 114 个运营商商用 5G,网络数量占比达到 40.3%;其次是亚洲与太平洋地区,26 个国家和地区共有 66 个运营商商用 5G,占 23.3%;中东和非洲地区,29 个国家和地区共有 58 个运营商商用 5G,占 20.5%;北美和拉丁美洲地区,17 个国家和地区共有 45 个运营商商用 5G,占 15.9%。5G Red Cap 成为全球热点,多个运营商完成技术验证。截至 2023 年 9 月,全球已有 8 个国家超过 12 家运营商完成 Red Cap 技术验证或商用试点,包括中国移动、中国电信、中国联通、阿联酋电信、沙特电信、科威特电信、印度巴帝电信等,连接数有望在未来三年突破 1 亿个单元。

五、全球 5G 标准争夺日益激烈

随着 3GPP 5G R17 标准即第三个完整版的 5G 标准的正式冻结,5G 技术和标准进入成熟和稳定阶段,5G 行业赋能能力进一步完善。现阶段,3GPP 已经启动面向 5G 技术演进标准规范的制订,将通过

R18、R19、R20 三个版本标准定义 5G-Advanced(5G-A)技术,在增强已有能力的同时,进一步拓展实时交互沉浸、智能上行、工业互联、通感一体、千亿物联、天地一体等 5G-A 应用场景支持能力。第一个 5G-A 标准版本 R18 的制订工作已于 2021 年 12 月启动,围绕上行容量增强、覆盖增强、确定性网络、无源物联网、XR(扩展现实)和媒体服务支持等内容开展研究。第二个 5G-A 标准版本 R19 目前正处于研究探讨阶段,将在 R18 的基础上进一步聚焦关键技术突破,持续探索新的网络服务能力并为 6G 打下良好的基础。研究方向包括通信与感知一体化、无源物联网和环境供电物联网、NTN(非地面网络)演进、无人机增强、5G 新通话(NG-RTC)、5GXR 多媒体及元宇宙通信等多个领域,预计将在 2025 年底完成 R19 标准制定。

第五节　浙江省网络通信(含 5G)发展基础与问题

一、发展基础

(一)技术层面

第一,在云计算技术与平台方向,浙江省具有部分优势。比如在云计算硬件暨国产化服务器、云数据中心智能路由器、智能交换机方面,浙江处于国际并跑水平;在云计算应用平台及运行管理技术方面,浙江处于国际领先水平。第二,在 5.5G/6G 技术方向,浙江省在 5.5G 超高速传输和超大规模接入的主流技术方面涉及不多,但针对智能工厂大上行的需求,形成了一定的特色,在天空地海一体化信息网络研究方面,处于国际并跑水平。第三,在智能感知探测技术方向,浙江在高端智能传感器开发、感知数据智能处理核心算法方面整体还处于跟跑状态,但是在数字安防、智能汽车领域的后端应用方面具有较大的技术优势,在全国处于领跑地位。第四,在工业互联网方向,浙江在全新工业生态、关键基础设施和新型应用模式,以及相关的技术、工具链、平台方面取得了较好的发展,但总体处于跟跑水平。

(二)重大平台和学科方面

浙江省目前已有工业控制技术国家重点实验室、工业自动化国家工程研究中心和视觉感知技术研发与应用国地联合工程研究中心第3个国家级平台,已有计算机科学与技术、软件工程、控制科学与工程、材料科学与工程、电子科学与技术等5个A类学科和被上海软科教育信息咨询有限公司(简称软科)排为国内前十的信息与通信工程学科等众多高水平学科,已有之江实验室、湖畔实验室、浙江省智能工厂操作系统技术创新中心、智能感知与系统教育部工程研究中心、视觉感知教育部—微软重点实验室、浙江省协同感知与自主无人系统等14个省部级平台,以及云工程和云服务等20多个省级重点企业研究院。

(三)人才团队层面

浙江省已形成了由两院院士领衔的在国内外有较大影响力的专业人才队伍。在产业化人才团队方面,已有5G通信应用基础材料关键元器件研发与产业化等4个领军型创新团队。

(四)企业层面

浙江省已有阿里巴巴、网易、新华三、海康威视、杭州华为、三维通信、闻泰通讯、中国移动杭研院、浙江大华、浙大中控、杭州和利时等行业头部企业。其中,阿里巴巴、新华三在云操作系统、云数据库、云服务器、云平台等方面处于国际先进水平;杭州华为是未来网络研发的领军企业,在智能网络方面具有世界一流的成果;浙江大华在无线感知和定位领域有较好的积累;海康威视、浙江大华、宇视是数字安防领域的头部企业,其在智能监控终端、数字安防应用方面具有领先优势;浙大中控、杭州和利时等是控制领域的头部企业,在组态软件、控制系统、采集监控系统等方面处于国内领先水平;阿里云工业大脑、汇萃智能工业机器视觉应用平台、力太工业互联网平台等在行业应用中具有一定积累,在国内处于领先水平。

5. 产业层面

云计算与未来网络是"高端装备"、"新一代信息技术"、世界级先进产业群的核心部分,通过关键技术的攻关能引领机器人与数控机床、节能环保与新能源装备、数字安防与网络通信、节能与新能源汽车等多个千亿级特色产业集群的发展,培育人工智能、元宇宙等高成长性百亿级"新星"产业群。

二、存在的问题

浙江省虽然在云计算技术方面具有一定优势,但在基于通用 X86 架构处理器的云计算硬件技术、云操作系统、系统软件、核心算法、标准化等方面,与国外相比仍存在较大差距;在以 5.5G/6G 为代表的未来网络的关键核心技术方面优势不足,与世界先进水平还有一定的距离;在高端智能传感器方面还存在较大的技术不足,需要重点攻克;在工业互联网前沿技术以及交叉领域应用、高端工具链上,与国际巨头仍然有较大差距;同时,在平台能级、领军团队、产业生态等方面相比上海、深圳等先进地区还存在一定差距。

第二章 欧美主要国家和企业的网络通信(含 5G)产业与技术发展

第一节 美国的网络通信(含 5G)产业与技术发展

一、战略计划

2018 年 10 月,美国联邦通信委员会(FCC)发布"5G FAST"计划,包括向市场释放频谱资源、推进 5G 网络基础设施建设、优化相关法律法规、保护产业链安全、激励运营商投资并提供服务。2019 年 4 月,美国无线通信和互联网协会(CTIA)发布《引领 5G 的国家频谱战略》,该战略以期通过制定五年拍卖计划和联邦频谱政策、更新频谱使用流程等手段,帮助美国引领未来 5G 产业的发展,以保持其在全球无线通信领域的领导地位。2020 年 1 月,美国众议院接连通过《促进美国 5G 国际领导力法案》《促进美国无线领导力法案》《保障 5G 及以上安全法案》三个法案,以加强美国在国际标准制订中的影响力。2020 年 3 月,美国白宫发布《5G 安全国家战略》,明确表达要与盟友一道在全球范围内领导研发、部署和管理安全可靠的 5G 通信基础设施的愿景。2020 年 4 月,美国信息技术和创新基金会(ITIF)发布报告《美国国家 5G 战略和未来的无线创新》。2020 年 5 月,美国防部发布公开版《国防部5G战略》，主要内容包括国防部发展5G的目标、发展5G面临的挑战、发展5G的工作路线等，目的是推进美国及其合作伙伴的5G能力建设。2020年12月，美国国防部发布《5G技术实施方案》，描述了《国防部5G战略》的实施细节。

二、产业发展

美国运营商在全球范围内属于5G先驱，他们从毫米波起步，竭尽全力推动5G发展。毫米波是美国拍卖的首个5G频谱，与首批5G终端兼容。在最初围绕毫米波频谱发展5G(Sprint是一个例外，采用的是中频频谱)之后，运营商的关注点似乎集中在使用低频频谱和(或)DSS技术实现全国性的5G覆盖。截至2022年四季度，美国的5G用户达到1.151亿，较2022年三季度的1.032亿增长12%，较2021年四季度末的6540万增长76%。截至2022年四季度末，Verizon在5G用户上领先，拥有4370万用户，占有38.0%的市场份额。T-Mobile紧随其后，拥有3830万用户，市场份额为33.3%；AT&T拥有3200万用户，市场份额为27.8%。早些时候，T-Mobile凭借迅速实现全国性5G网络覆盖而在5G用户数量上领先。在三家公司之中，Verizon实现全国覆盖的速度最慢，这使得该公司在早前几个季度的5G用户处于低位。2020年四季度，Verizon的发展势头超过AT&T；2022年一季度，在大力推进C波段频谱部署的情况下，Verizon的用户数超过T-Mobile，占据了榜首。

三、技术推进

2022年4月29日，美国兰德公司发布名为 *Securing 5G：A Way Forward in the U. S. and China Security Competition* 的报告。报告从5G供应链的五个领域(5G基础设施、5G芯片设计、芯片制造、移动终端设备、操作系统)分别分析对比了中美各自的发展状况，最终认为美国的企业在5G芯片设计、操作系统、终端设备层面具有超前的技术优势，而在5G基础设施和微芯片制造层面存在制造能力不足的缺陷，主要依赖于外国制造商。同时中国的 5G 企业尽管在芯片制造和包装、产品成本以及运输上拥有优势,但在核心技术领域仍受制于美国,以至于中国在中美竞争中处于被制裁的一方。总体而言,中美 5G 供应链中的相互依赖性仍较强,即中美在供应链上的互补现状决定了中美无法完全与对方脱钩,但美国应该保持对 5G 供应链关键技术领域的关注,通过在国内新建芯片制造工厂来健全本国的芯片供应链复原力。

第二节　欧洲的网络通信(含 5G)产业与技术发展

一、建设情况

截至 2022 年底,5G 已覆盖全球所有大洲,全球 102 个国家和地区的 251 个运营商推出了基于 3GPP 标准的商用 5G 网络,5G SA 商用网络达到 32 张。截至 2023 年 3 月,全球 5G 网络已覆盖 30.6% 的人口。[①] 其中欧洲地区 5G 网络覆盖人口数从 2021 年的 2.96 亿增长至 2022 年的 3.72 亿。

2022 年 3 月,欧盟网络安全局发布《5G 网络安全标准:网络安全策略的标准化要求分析》报告。报告通过评估现有 5G 生态系统网络安全相关标准、规范和准则(2021 年 9 月前发布)对实现 5G 网络安全可靠性和弹性的作用,认为现有 5G 安全标准、规范和准则过于宽泛,适用性有待提升,涵盖范围不足,建议循序渐进地推动 5G 标准化,增加 5G 标准制定的针对性以及各相关方行动的一致性,注重提升标准化、弹性和信任。报告旨在阐述标准化在减少 5G 生态系统的技术风

---

① 数据来源:《全球数字经济白皮书(2022 年)》。

险、提升信任度和弹性方面的作用。报告建议要循序渐进地推动 5G 标准化,考虑新标准的实用性和必要性及与战略目标间的联系,强调 5G 生态系统中的所有相关方需要在评估风险方法上协调一致,以提高风险判断与评估的成熟度和完整性。

二、发展路线

近几年,在移动通信领域,欧洲的发展不如亚洲。因此,欧盟委员会希望迅速发展 5G 技术以增强欧洲企业的领导地位。如今,法国、德国等欧盟国家都相继出台了 5G 发展路线图。2012 年 9 月,欧盟启动了"5G NOW"的研究课题;同年 11 月,"METIS" 5G 研发项目启动,欧盟因此被称为全球 5G 研发的先行者;2014 年,欧盟正式推出"5G PPP"(5G Public-Private Partnership)计划,目前已正式投入商业运营;至 2025 年,欧洲各城市将推出 5G 计划。

第三节　主要网络通信企业的技术发展

一、爱立信电信公司

爱立信的 5G 进化论将"5G 网络的价值兑现"作为首要任务,其核心是爱立信要助力运营商,从"性能、节能、赋能、智能"这"四能"的角度,重新审视并引领 5G 下一波的演进。这一次的"进化"被爱立信称为"5G 新浪潮"(The Next Wave of 5G),其目标是打造"价值驱动的卓越网络",其以"卓越性能、绿色低碳、赋能增长、高度自智"为四大支柱。贯穿四大支柱演进的核心理念,是爱立信在产品研发中提出的"More with Less",其包括"高效""低碳""智能"三方面。其中,高效即网络做加法,支持更高的性能和更丰富的应用;低碳即网络做减法,实现更低的能耗和运营成本;智能可以认为是做乘法,辅助"高效"和"低碳"达到更好的效果。

（一）卓越性能

在"四能"统筹合一的 5G 网络中,卓越性能是根本,是设备商和运营商持之以恒追求的网络目标,也是 5G 新浪潮的第一个支柱。性能的重要指标之一是速率,爱立信正在从更全面的角度考虑 5G 网络下阶段的演进,公司更加关注用户体验速率,而不仅是用户的峰值速率。为此,爱立信的 5G 新浪潮将从提升现有频谱的效率和支持新频谱两个方向来提升网络的性能及用户的体验速率。在提升频谱效率方面,爱立信将在 5G 新浪潮中进行多项创新。

（二）绿色低碳

在"四能"统筹合一的 5G 网络中,节能减排不仅关系到运营商的运营成本,也关系到企业的社会责任和全人类的可持续发展。从 1G 到 5G,移动通信领域一直有一条铁律,就是每一代移动通信标准所构建的网络,其能耗曲线总是随着升级换代而向上攀升。为此,爱立信在 5G 商用伊始就提出要打破"能耗曲线",并承诺到 2030 年爱立信的产品和供应链环节的碳排放相比 2020 年降低 50%,自身运营实现净零碳排放,到 2040 年,全价值链实现净零碳排放。

（三）赋能增长

在"四能"统筹合一的 5G 网络中,赋能增长是 5G 新浪潮的第三个支柱。5G 新浪潮将更加重视业务发展,赋能业务增长。为此,爱立信将继续赋能新业务和支持新终端类型的引入,在同一张 5G 网络中兼容和支持更多创新应用。在 5G 新浪潮里,对确定性要求高的业务包括 XR 消费者和企业应用、数字孪生和工业物联网专网业务。预计到 2025 年,支持 5G 网络的 XR 业务将逐渐普及,XR 将为运营商带来新的增量用户,并催生新的商业模式。此前,爱立信已经携手 AT&T、Dreamscape Immersive、英伟达、高通和 Wevr,利用 5G 和边缘计算,与华纳兄弟联合打造《哈利·波特:霍格沃兹之乱》的定制 VR 体验。

(四)高度自智

在"四能"统筹合一的 5G 网络中,智能程度决定了其易用性和易维护性。通信网络发展到今天,其复杂性已经逼近人类对其管理和驾驭的能力极限,借助 AI 来自主管理和运营网络既是形势所迫也是大势所趋。高度自智,就是让 5G 网络生而智能,而爱立信 5G 新浪潮的第四个支柱正是网络的高度自智。5G 新浪潮通过集中式和分布式 AI 来提高网络自智能力,为前三个支柱服务。后续向原生 AI 架构和基于意图的管理两个方向演进,长期的目标是让网络具备自我学习、自我演进的能力。

爱立信的"5G 进化论",以"5G 网络的价值兑现"为首要任务,核心是以性能、节能、赋能、智能这"四能"的统筹合一来引领和推动 5G 新浪潮,其以"卓越性能、绿色节能、赋能增长、高度自智"为四大支柱,同时符合 3GPP 对 5G 演进的方向定义,契合运营商 5G 变现的商业诉求,也切合中国提前进入 5G 下半场,需要加速 5G 与产业融合,释放 5G 价值的需求。

二、澳大利亚电讯公司

澳大利亚电讯公司(简称澳电讯)实力和资金雄厚,为世界第 13 大电信公司。

(一)5G 技术进展

澳电讯是澳大利亚首个在主要城市推出 5G 服务的运营商,其 5G 网络已经覆盖墨尔本、悉尼、堪培拉、布里斯班、阿德莱德、珀斯和霍巴特等城市,覆盖了澳洲约 98.8% 的人口。为了鼓励用户使用 5G 服务,澳电讯推出了免费体验活动。用户在第一年可以免费使用 5G 网络,无须支付额外的费用。这一举措旨在让用户更好地了解 5G 的优势和应用,进一步推动 5G 的普及和发展。除了网络覆盖和价格优惠外,澳电讯还在 5G 技术和合作方面取得了重要的突破。澳电讯与爱立信合作,在其商业网络上部署了 Cloud RAN 解决方案。Cloud RAN 是一种先进的网络架构,通过云计算技术将基站的无线接入网络与核心网络分离,使得运营商能够更加灵活地管理和优化网络资源。这一合作使得澳电讯能够利用爱立信的 Cloud RAN 技术进行 5G Cloud RAN 数据呼叫,为用户提供更加稳定、高效的 5G 服务。2023 年 8 月,澳电讯宣布和爱立信、联发科合作完成了首个基于 RedCap 的 VoNR 测试,在澳电讯的 5G 现网上使用了爱立信的预商用 RedCap 软件和联发科的 RedCap 测试设备。此外,澳电讯还与高通技术公司合作,成功创造了 5G 商用网络下单用户下载速度高达 5Gbps 的新纪录。

(二)5G 战略布局

澳电讯的愿景是建立一个普惠的互联网时代,目标是提供卓越的客户体验;提供领先的网络和技术解决方案;业绩持续增长,为股东创造价值;打造领先雇主品牌。核心举措是改进 TOB/TOC 个性化、本地化服务方式,推出忠诚度计划回馈用户;保持对优质网络设施的投资,提高 5G 覆盖范围、密度、容量、速度;削减业务成本,优化投资组合,形成最优资本管理模式;搭建敏捷人才管理模式,加强组织灵活性,培养员工的数字技能,通过数字化工具建立领导地位。

三、三星电子

(一)技术进展

三星电子是消费电子领域家喻户晓的品牌,在 5G 基础设施领域取得了重大进展。凭借其技术专长,三星已成为提供端到端 5G 解决方案的关键参与者。三星的成就包括毫米波技术的进步,提高了 5G 网络的容量和速度。该企业紧凑且节能的 5G 基站使三星成为重新定义无线通信的竞赛中的领跑者。

与爱立信、华为、诺基亚等大型基础设施供应商不同,三星是

vRAN/Open RAN 架构的先锋者和积极采用者,这给它带来了相当大的领先优势。

近日,三星宣布了其称为 vRAN 3.0 的下一代解决方案,它带来了许多性能优化和显著的节能提升。在性能优化方面,三星 vRAN 3.0 的一个关键特性是通过 64T64R Massive MIMO 配置支持高达 200MHz 的带宽。这几乎完全覆盖了美国运营商的中频段频谱。在节能提升方面,三星 vRAN 3.0 优化了 CPU 内核的使用和休眠周期以匹配用户流量,从而最大限度地降低功耗。这些纯软件功能(通过适当的硬件配置)体现了解耦 vRAN 方法的优势,通过这种做法可以快速开发和部署新功能。

此外,vRAN 3.0 的一个组成部分是三星 Cloud Orchestrator。它简化了接入、部署和运行流程,使运营商能更轻松地通过一个统一平台管理数千个基站。虽然 vRAN/Open RAN 的很大一部分技术是软件定义的,但关键的无线电技术仍存在于硬件中,这正是三星网络具有强大差异化的根源。三星电子是目前世界上唯一能够自主设计、开发和制造 4G 和 5G 网络芯片组的网络供应商。

(二)布局动态

近十年来,从 3G、4G、4GLTE-A 到 5G,从实验室到产品,三星一直是移动技术的积极采用者,并一直在不懈努力研发技术,旨在突破产业化瓶颈,给用户带来便利。5G 作为新的通信技术,毫米波是其发挥性能的关键。早在 2013 年,三星电子就开始参与全球毫米波测试,并一直持续推动 5G 技术的发展和商用。目前,三星电子已经拥有了一系列支持 5G 的设备,并正在努力开启 5G 的未来,致力于为用户带来与时代进程同步的广阔的物联世界。

1.移动通信

在移动通信领域,三星专注于开发创新思维,力求为客户创造价值和便利。作为全球移动行业的知名企业,三星一直致力于通过有目的性的创新,开发新的差异化产品,满足不同的用户体验需求。三星拥有十多年的研究与开发经验,并实现了可折叠智能手机、应用 5G 的 Samsung Galaxy 手机、物联网以及三星 Knox、三星智付、三星健康和 Bixby 等创新技术。以这些技术为基础,三星的智能手机、可穿戴设备、智能平板和个人电脑不断创造出各种用户新体验,推动行业不断向前发展。

2.网络业务

过去十年,三星电子在电子信息领域进行了大量的投资,引领着产品向 5G 转型。通过构建全球产业生态系统、主导三星国际标准的制定、与全球主要电信运营商共同推出首批预商用服务,实现了多项通信技术的关键创新,为新一代服务树立了新的方向。三星为 5G 商用服务引入了端到端的产品组合,包括 5G 无线和核心网络设备、用户设备和芯片组(如调制解调器、RFIC、DAFE)。三星电子的定位是成为值得信赖的合作伙伴,为各个服务商提供频谱环境和未来商业模式等解决方案。通过这种方式,三星电子在韩国、美国和日本等市场率先引入创新技术并将其商业化。基于三星的先进技术、经验和业务组合,三星电子于 2018 年 10 月在美国推出了三星全球首个 5G 家庭服务,并于 2019 年 4 月在韩国实现了三星全球首个移动 5G 服务的商业化。凭借三星全球 5G 商业化和各国业务的丰富经验,三星电子正在积极扩大全球电信基础设施市场的业务领域,其中包括在美国赢得的 4G、5G 合同。2023 年 2 月,三星宣布成功开发出用于智能手机和卫星之间直接通信的标准化 5G 非地面网络(NTN)调制解调器技术。三星计划将这项技术集成到旗下三星 Exynos 调制解调器解决方案中,推动 5G 卫星通信商业化,并为 6G 驱动的万物互联(IoE)时代铺平道路。这个成就建立在三星丰富的无线通信技术积累上。三星电子在 2009 年推出了商用 4G LTE 调制解调器,在 2018 年推出了商用 5G 调制解调器。三星电子的目标是在全球率先推进混合的地面—非地面网络(terrestrial-NTN)通信生态系统,为 6G 到来做好准备。NTN 是一种通信技术,能通过卫星和其他飞行器将"连接"带给以往地面网络无法触及的区域,不论在山区、沙漠还是海洋。对保障受灾区域正常运转,驱动无人驾驶飞机和飞行汽车等未来城市空中机动(UAM),也都至关重要。

四、高通

(一)企业发展

在无线通信技术领域,Qualcomm(高通公司,简称高通)致力于发明突破性的基础科技。作为 5G 领跑者,高通在研发和商用上处于全球领先地位,它变革了世界连接、计算和沟通的方式。把手机连接到互联网,高通的发明开启了移动互联时代。可以说,高通的基础科技赋能了整个移动生态系统,每一台 3G、4G 和 5G 智能手机中都有其发明。同时,高通也利用移动技术的优势逐渐改变着智能汽车、智慧物联、云计算等多个应用行业,开创万物互联互通的新时代。

1. 助力中国合作伙伴走向全球

在高通的支持下,国内先进的设备和终端制造厂商在境内外均取得了骄人的战绩。过去六年中,高通不断增加在中国的投入,助力国内合作伙伴开展出口业务。2016 年 10 月,高通在深圳成立创新中心,整合和强化其在深圳的资源和投入,配备多个领先的实验室,助力中国合作伙伴在产品技术方面的测试以及海外业务的拓展,进一步深化植根中国市场的长期承诺。

2. 与半导体企业紧密协作实现共赢

2014 年 7 月,中芯国际作为中国国内规模最大、技术最先进的集成电路晶圆代工企业,与高通共同宣布在 28 纳米工艺制程和晶圆制造服务方面开展合作,此后中芯国际成功实现了 28 纳米骁龙处理器的量产,并应用于主流智能手机。2015 年 12 月,高通旗下子公司向中芯长电半导体有限公司增资,旨在帮助中芯长电加快中国第一条 12 英寸凸块生产线的建设进度,完善中国整体芯片加工产业链。在高通的支持下,中芯长电先后完成了 28 纳米硅片凸块加工量产、14 纳米硅片凸块加工,以及10纳米硅片超高密度凸块加工认证,成为中国第一家进入10纳米先进工艺技术节点的半导体中段硅片制造公司。2016年10月,高通在上海成立高通通讯技术(上海)有限公司,首次涉足半导体制造测试业务,并加快了在华制造布局。

3.助力物联网领域的加速发展和创新

物联网是实现"互联网+"战略的重要产业支撑。2016年2月,高通与中科创达于2016年2月宣布成立合资企业重庆创通联达智能技术有限公司,致力于助力中国物联网领域的加速发展和创新。这家合资公司已经和多家VR、无人机、机器人等智能终端厂商达成技术合作并助力其产品上市。

4.高通创投助力科技行业创新

高通不仅关注公司内部的创新,也非常关注、支持和助力整个行业的创新。自2004年起,高通以风险投资的方式资助移动互联公司与前沿科技创业公司,在中国设立了1.5亿美元的风险投资资金,培育各阶段的中国初创企业。目前,高通投资的企业已超过60家。2018年和2019年,高通分别设立总额高达1亿美元的高通创投AI风险投资基金和总额高达2亿美元的5G生态系统风险投资基金,用于投资全球5G+AI生态系统的初创企业,致力于推动5G和AI的生态系统构建。

(二)技术进展

在5G时代,高通作为全球领先的无线通信技术公司,在连接方面积累深厚、技术领先,从3G、4G到5G,高通的创新发明推动了每一代移动通信技术的发展,持续展现出卓越的领导力。

早在2016年10月,高通就在当年的5G峰会上发布了全球首款5G调制解调器——骁龙X50。骁龙X50一经发布便受到了全球18家移动运营商的青睐;而后首款7纳米基带芯片骁龙X55更是实现了5G毫米波和6GHz以下频段的支持。得益于高通领先的5G连接技术,如今各大手机厂商基于骁龙 5G 芯片打造的手机终端,能够为消费者提供更快速流畅的 5G 体验。

除了众所周知的 5G 芯片提供商,高通还是首批参与并推动 5G 标准制定的公司之一。高通的技术贡献帮助确立了 5G 的关键技术要素,例如毫米波频谱利用、MIMO(多输入多输出)技术和新型调制解调技术。随着 5G 技术演进第一阶段的顺利完成,高通也针对下半程 5G 的新发展做出了思考。"如果将 5G 发展比作一场足球赛,那现在就到了中场换人的时刻,需要新力量加入。"在 2023 年上海世界移动通信大会(MWC,上海)上,高通公司技术标准副总裁李俨曾经这样比喻,而以 Release 18 标准为代表的 5G Advanced 技术,正是这股新力量。

根据《5G Advanced 网络技术演进白皮书(2021)》,5G Advanced 具备智慧(AI)、融合(convergence)和更丰富使能(enabler)的特征,能够实现 10 倍宽带能力的提升,移动用户的下载速率将由 1Gbps 提升到 10Gbps,有效服务沉浸式交互服务。

5G Advanced 技术被视为 5G 进一步演进的关键一步,而高通在该领域的领导地位毋庸置疑。高通领衔开发的 5G Advanced 将支持更多扩展特性,比如具有更多扩展领域的 NR-Light(也被称为 RedCap)、增强工业物联网、非地面网络等,这为 5G 的行业应用打开了新局面,也为即将到来的 6G 技术奠定了基础。

随着 ChatGPT 的爆火,AI 大模型的运算应用需求激增,这对移动通信技术提出了新的需求。目前生成式 AI 正以前所未有的速度发展,但现有模型 AI 处理必须分布在云端和终端进行,才能实现 AI 的规模化扩展并发挥其最大潜能。其中无论是为 AI 模型优化参数的 AI 训练,还是执行该模型的 AI 推理,都受限于大型复杂模型而在云端部署,这些模型的推理成本将随着日活用户数量及其使用频率的增加而增加,最终导致云端推理的成本达到一个新高,规模化扩展难以持续。

高通深耕 AI 研发已超过 15 年,其认为终端和云端协同工作下的混合 AI 才是 AI 的未来。与仅在云端进行处理不同,混合 AI 架构可以在适当的场景和时间下分配 AI 计算的工作负载,以提供更好的体验,并高效利用资源。在一些场景下,计算将主要以终端为中心,在必要时才向云端分流任务。因此混合 AI 架构在全球范围内将带来成本、能耗、性能、隐私、安全和个性化等方面的优势。

针对混合 AI 架构运算需求,高通率先提出打造"以终端为中心的混合 AI"解决方案,并且在 2023 年 2 月 15 日,正式推出了全球首个 5G Advanced-Ready 调制解调器及射频系统——骁龙 X75。骁龙 X75 的全新架构、全新软件套件和多项全球首创特性,使其在网络覆盖、时延、能效和移动性等方面有了更大突破。

无论是生成式 AI 还是混合 AI,未来终端和云端之间的连接都需要可靠的连接和超低时延,而这些都需要通过 5G Advanced 和之后的 6G 才能实现。骁龙 X75 搭载了首个面向 5G 的张量加速器,即第二代高通 5G AI 处理器,AI 处理器能力提升至前一代的 2.5 倍。高通将 5G 与 AI 相结合,通过 AI 处理器能力的提升,增强终端侧的 AI 处理能力,从而分流更多云端的负载。

此外,骁龙 X75 具备全球首个面向毫米波频段的十载波聚合,支持 QAM-256,具备全球首个 Sub-6GHz 频段下行五载波聚合、FDD＋FDD 上行载波聚合、FDD 上行 MIMO,支持 1024QAM,能提供足够的频谱聚合和容量。2023 年 8 月 9 日,高通宣布骁龙 X75 实现了高达 7.5Gbps 的下行传输速度,创造了 Sub-6GHz 频段全球最快的 5G 传输速度纪录。此次连接基于 5G 独立组网(SA)网络配置进行终端测试,通过在单个下行链路中使用由 4 个 TDD 载波信道聚合组成的载波聚合实现 300MHz 频谱总带宽,以及 1024QAM 技术实现这一速率。这在一定程度上可以更好地助力混合 AI 愿景加速落地。

(三)布局动态

高通部署的边缘侧终端规模十分庞大,在 5G Advanced 时代,高通将以领先的 AI 能力促进 5G 与终端侧 AI 的协同发展。高通 AI 引擎是其终端侧 AI 优势的核心,目前搭载高通 AI 引擎的产品出货量已超过 20 亿部,赋能极为广泛的终端品类,包括智能手机、XR 设备、平板电脑、PC、安防摄像头、机器人和汽车等。

高通 AI 引擎由多个软硬件组件构成,能在骁龙和高通平台上实现终端侧 AI 加速。比如,在智能手机终端硬件方面,高通 AI 引擎采用异构计算架构,打造出性能卓越的高通 Adreno GPU 和高通 Kryo CPU 芯片,能够进一步优化智能手机和其他边缘侧终端上的 AI 用户体验。

除此之外,高通开发的 AI 加速解决方案也在汽车、XR 头显与眼镜、PC 以及其他物联网终端得到广泛应用。其中,高通 5G 无界 XR 技术的部署,为增强现实应用提供了更广阔的发展空间,使得用户在虚拟与现实交融时,感受到更加真实、流畅的连接体验。

为了让 OEM 厂商和开发者能够更加方便地创建、优化和部署 AI 应用,高通还开发了高通 AI 软件栈,将自己所有相关的 AI 软件产品集成在统一的解决方案中,让 AI 开发者能够充分利用高通 AI 引擎性能。一次创建,即可跨跃不同产品部署,高通 AI 软件栈将进一步促进 AI 在多终端的扩展应用。

凭借在无线连接、高性能低功耗计算和终端侧 AI 领域的深厚积累,高通打造了领先的技术路线图,将先进的移动技术扩展至几乎所有类型的终端。今后高通将持续与其他合作伙伴共同努力,赋能智能网联终端新时代的到来。目前 5G Advanced 仅仅只是在 5G 阶段取得了突破,距离 6G 时代仍有很长的路要走。不同于传统移动通信网络技术仅能提供单一的通信能力,6G 可融合感知、计算、AI、大数据、安全等多种能力,这是 5G 网络目前难以支持的。

在从 5G 向 6G 演进的过程中,需要持续研究以下六个方面:AI 原生的端到端通信、扩展至全新频谱、融合世界、可扩展网络架构、空口技术创新以及通信系统的可靠性。基于高通在通信领域深厚的技术积累,其研发的 6G 技术将在 5G 技术优势的基础上进一步推进,成为未来智能连接的重要驱动力,为全球用户带来更加智能、高效的通信体验。高通在 5G Advanced 技术方面的持续领导力为混合 AI 实现,以及智能连接的发展开辟了新的篇章。相信通过将 5G 与 AI 相结合，高通将为用户带来更智能、更强大的连接体验；在强调 6G 技术优势的同时，高通也会继续发挥领导力，将 5G Advanced 扩展至更加多元的行业中去。

五、诺基亚

(一)技术进展

诺基亚拥有业界最广泛和最强大的 5G 产品组合，并且在 ESG(环境、社会、公司治理)方面坚守承诺。诺基亚致力于成为客户最可靠的合作伙伴，帮助客户以可持续和高效益的方式推进 5G 业务发展。

诺基亚在 2023 年取得的一些显著的技术成果，包括在 5G 独立组网(5G SA)网络中，成功实现全球首个下行五载波聚合功能，速率超过 4.2 Gbps。同时，11km 长的超远距离覆盖毫米波实测速率超过 2 Gbps。此外，诺基亚先进的波束赋形技术可以带来 6－9dB 的额外天线增益。

(二)战略布局

诺基亚在 2021 年首次提出"技术愿景 2030"，将 5G 网络的发展放在整个产业发展的大环境中进行前瞻性探索。5G Advanced 将在网络基础设施技术比如上行速率提升、端到端延迟、实时同步、终端节能、边缘计算、应用下层、算力以及 AI 应用等方面进一步演进，加速工业元宇宙的商业模式落地。

(三)合作动态

Telia 在其最新的 Sirius 计划中使用了诺基亚 5G Core SaaS 和 Network as Code 平台。

芬兰电信公司 Telia 和诺基亚签署了一份谅解备忘录，共同创建一个名为 Sirius 的 5G SA 创新项目，在跨越欧洲各国边境的高速公路和海路之间建立 5G SA 走廊。采用软件即服务(SaaS)交付模式的诺基亚 5G 独立核心网和诺基亚网络即代码平台,将为 Sirius 计划和 Telia 提供一种灵活、可扩展的解决方案,使 Telia 能够更快地推出新的 5G 服务,为新的企业、行业和消费者用户创建软件应用,从而加速实现 5G 网络的货币化。

诺基亚和全球数字化转型解决方案提供商 Innova Solutions 宣布建立合作伙伴关系,将利用诺基亚 Network as Code 平台和开发人员门户来创建和提供可编程网络解决方案。该协议将加速银行等金融服务机构、运输与物流、技术、生命科学、零售和工业等行业企业的数字化转型。

借助诺基亚 Network as Code 平台,Innova 开发人员将拥有一个强大的可编程网络基础,用于构建新的用例,快速响应企业市场需求。

六、SK 电讯

(一)发展概况

SK Telecom(SK 电讯)是韩国最大的移动通信运营商,在业界有着广泛的影响力。其前身为创立于 1984 年的韩国移动通信(KMT),1994 年 SK 集团参与 KMT 的经营,并于 1997 年将 KMT 正式更名为 SK Telecom。

SK 电讯是世界上第一个对码分多址(CDMA)技术进行商业化开发的公司;是韩国第一家提供无线网络服务的公司;在 2001 年的 CDMA 发展集团获得了"国际领先奖",还将业务拓展到电信服务的其他领域,如 NETSGO(一种在线服务)、Nemo(一种在线金融服务)、NATE(一种无线、有线集成的互联网端口服务)以及一种国际呼叫服务。

(二)技术进展

2016 年,SK 电讯开始入局人工智能领域,尝试促进人工智能技术和服务在日常生活中的普及。2020 年,SK 电讯将 5G、AI 基础设施作为企业战略的最高优先级,努力打造以 AI 为发展底座的"AI 大科技"公司。2021 年 11 月,SK 电讯宣布向人工智能公司全面转型,"通过把 AI 与基于电信主营业务的连接技术相结合,将 SK 电讯重塑为一家杰出的 AI 企业"。此后,SK 电讯一直积极践行成为人工智能公司的目标,并提出"AI to everywhere"计划,以 AI 定义新业务,谋求企业成长。

SK 电讯是运营商利用大模型研发 AI 助理产品的先行者,早在 2022 年就开始大模型版图的相关布局及应用探索,2022 年 5 月形成了基于韩语版本 GPT-3 的应用产品"A."(A-dot),截至 2022 年底,"A."在韩国收获 100 万名用户。2023 年 2 月,SK 电讯推出正式版进行公测,"A."以 GPT-3 商用化技术为基础,利用长期记忆及多模态推进会话语言模型,已经扩展到数百亿个参数量。2023 年 4 月,SK 电讯与初创公司 SCATTER LAB 建立战略合作伙伴关系,共同开发基于情感和知识领域的大语言模型,并与"A."相结合,为客户提供高质量有价值的服务。

SK 电讯在 5G 技术方面取得了很多进展,并持续进行研发和创新,致力于推动 5G 技术的发展和应用。在超高清媒体、AR、VR、游戏、社交媒体等五大核心领域推出 5G 服务和内容。目前 SK 电讯拥有 1340 万名 5G 用户,占其移动客户群的 58%,以及韩国 5G 用户总数的 48%。2022 年,韩国 SK 电讯推出了第二个 MEC 服务区,并计划推进一系列 5G 服务,包括健康监测和户外配送机器人。

(三)合作动态

2019 年,SK 电讯与韩国三星公司合作成功完成了室外环境下 28GHz 频段上 5G 基站之间的切换测试。这一测试的重要性在于,28GHz 频段是运营商们计划用于 5G 服务的毫米波频段之一,并且极有可能是 5G 服务部署采用的首个频段。全球还有一些地区将此频段留作卫星通信使用频段。这项成功的测试验证了 5G 切换技术,使运营商能够连接多个毫米波基站至他们的光纤基础设施,从而实现 Gbps 数据传输速度。

SK 电讯还联合三星电子宣布,在测试期间,结合 SK 电讯目前投入商用的两种网络(使用 3.5GHz 频率的 5G 网络和使用 1.8GHz、2.1GHz 和 2.6GHz 频率的 LTE 网络),两者的数据传输速率分别达到 1.5Gbps 与 1.15Gbps,使双方在 5G 智能手机上的数据传输速率均达到 2.65Gbps。该测试在位于韩国水原市的三星电子公司进行,采用三星目前为运营商提供的商用 4G 和 5G NR 端对端网络解决方案。基于 4G 和 5G 双连线技术的优势,SK 电讯未来的整体数据传输速度将提升 80%。

七、威讯通信公司

(一)发展概况

威讯通信公司(Verizon,简称威讯)是美国无线通信服务供应商,业务范围涵盖了传统的电话和互联网服务,以及无线通信、云计算、物联网等领域。威讯的前身是由大西洋贝尔和 Nynex 合并建立的 Bell Atlantic,2000 年 6 月 30 日,Bell Atlantic 与独立电话公司 GTE 合并,一举成为美国最大的本地电话公司和最大的无线通信公司,在全球 45 个国家经营电信及无线业务,并在纽约证券交易所上市。

(二)发展布局

截至 2022 年四季度末,威讯在 5G 用户数量上处于领先地位,拥有 4370 万名用户,占有 38.0%的市场份额。在 T-Mobile、Verizon 和 AT&T 三大通信公司中,Verizon 在实现全国覆盖方面是速度最慢的,这使得该公司的 5G 用户数量在前几个季度一直处于低位。2020 年四季度,Verizon 取得飞速发展,一举超过 AT&T;到 2022 年一季度,在推进 C 波段频谱部署的情况下,威讯的 5G 用户数量超过 T-Mobile,跃升至首位。

(三)技术进展

2020年9月,威讯在美国完成了首个端到端全虚拟化5G数据业务。这个技术里程碑为威讯快速响应客户在延迟时间和计算能力等方面复杂多变的需求奠定了基础,为大规模移动边缘计算和网络切片奠定了基础。9月上旬,威讯推出了5G移动边缘计算实际应用,服务于波士顿及湾区5G Edge的AWS Wavelength开发者。随着威讯在MEC领域的领导地位的日益牢固,无线接入网络(RAN)中的虚拟化技术变得越来越重要。

实现RAN虚拟化,就像之前在核心网完成的虚拟化工作一样,必须将软件和硬件功能进行解耦,使网络能够构建在通用硬件基础之上。采用通用COTS硬件可以为引入新产品和新服务的过程带来更大的灵活性和敏捷性。有别于增添或升级专用硬件,采用一整套云原生、基于容器和标准化接口的虚拟化架构,可以提高灵活性、服务交付速度、可扩展性和成本效率。

从核心网到边缘网,实现整个网络的虚拟化,这是威讯多年来对网络架构进行的大规模重新设计,由此使得整个网络得到简化与现代化。在过去几年里,威讯在核心网虚拟化领域一直处于领先地位,并且关注Open RAN技术的设计和开发,对这项技术进行全面测试并取得了巨大成功。

这种虚拟化还将降低新供应商进入生态系统的门槛。新的供应商将会加速创新,降低运营成本,并为推出更贴近用户的灵活网络和云基础设施奠定基础,从而显著降低延迟性。为客户提供最佳、最高效网络的关键5G应用,深度依赖虚拟化网络的可编程能力,威讯一直在这方面深耕发力。

大规模物联网解决方案、功能更强大的消费设备和解决方案、AR/VR、远程医疗、制造环境中的自主机器人技术以及无处不在的智能城市解决方案,这些只是威讯实现数字世界使命的一小部分。虚拟化技术的进步是实现这一目标的关键步骤。

（四）合作动态

2019 年，威讯宣布与三星合作，计划在 2019 年上半年推出 Galaxy S10 5G。

威讯与许多合作伙伴合作过，以便实验进行无线接入网络（RAN）的成功虚拟化。三星提供了商用 5G 虚拟化 RAN 解决方案，包括虚拟化中央单元（vCU）、虚拟化分布式单元（vDU）和射频单元（RU）。通过部署基于软件的 5G 基础设施，这套解决方案可为移动运营商提供更高的效率、灵活性和管理效益；英特尔提供了 Intel XeonSalable 处理器、Intel FPGA 可编程加速卡（Intel FPGA PAC）N3000、Intel 以太网网络适配器 XXV710，以满足处理、加速和连接性要求，并提供 FlexRAN 软件参考体系结构；风河为威讯提供了云原生、基于 Kubernetes 和容器的软件基础设施，为虚拟化 5G RAN 的全面部署提供超低延迟和高可用性。风河的解决方案与一流的 vRAN 应用无缝集成，提供统一的管理界面和零接触自动化管理以及网络分析技术。

2020 年 4 月 24 日，威讯表示已经开始部署商用节点，支持其在 2018 年下半年针对美国市场推出的 5G 固定无线宽带网络的计划。

威讯还与康宁、WeWork、廷德尔空军基地和海军陆战队米拉玛空军基地进行合作，使用康宁无线电和爱立信的核心设备进行初始部署。

第三章 国内主要省市和企业的网络通信(含 5G)产业与技术发展

第一节 北京市网络通信(含 5G)产业与技术发展

一、发展现状

截至 2022 年末,北京市共有移动电话基站 29.8 万个,包括 4G 基站 15.1 万个、5G 基站 7.6 万个,5G 基站比上一年增加 2.4 万个。截至 2023 年第三季度末,实现五环内 5G 全覆盖、五环外重点区域和典型场景精准覆盖;累计千兆固网用户达到 200.7 万户,当年新增 66.3 万户。[①]

二、政策支持

2020 年 9 月,《北京市促进数字经济创新发展行动纲要(2020—2022 年)》出台,提出要面向 5G、工业互联网、北斗导航与位置服务、集成电路、云计算、大数据、人工智能、网络与信息安全等领域打造国

[①] 数据来源:北京市 2022 年国民经济和社会发展统计公报。

际一流的产业集群。

2021 年 3 月,《北京市"十四五"时期智慧城市发展行动纲要》出台,提出要夯实云网和算力底座,持续扩大 5G 网络建设规模,积极推进千兆宽带接入网络建设。

2021 年 7 月,《北京市关于加快建设全球数字经济标杆城市的实施方案》出台,明确提出要打造"新兴数字产业"孵化引领高地。培育新一代数字化出行、新型数字化健康服务、智能制造、数据支撑的研发和知识生产、数字金融、数字能源服务等新兴产业集群。

2022 年 5 月,《北京市数字经济全产业链开放发展行动方案》发布,提出要统筹规划北京市信息网络、算力基础设施建设;鼓励符合条件的市场主体参与数字基础设施的投资、建设和运营;推进物联网、车联网、卫星互联网等新一代通信网络基础设施建设,积极申报国家新型互联网交换中心试点,全面提升北京数据交换能力;超前布局 6G、未来网络、类脑智能、量子计算等未来科技前沿领域,力争取得一批重大原始创新和颠覆性成果。

三、发展规划

《北京市"十四五"信息通信行业发展规划》提出,到 2025 年末,全市将建成并开通 5G 基站 6.3 万个,基本实现对城市、乡镇、行政村和主要道路的连续覆盖。

该规划提出了北京市"十四五"时期信息通信业发展的总体思路、发展目标、任务举措和保障措施,明确了大力建设新型数字基础设施、深度推动京津冀区域协同发展、扩展首都数字化空间、持续提升行业管理水平、增强网络安全保障能力等五方面重点任务。

"十四五"时期是我国经济社会发展的重要战略机遇期,北京信息通信行业肩负引领、赋能数字经济融合创新发展的历史使命。新型数字基础设施将为首都数字经济高质量高速发展提供新动能。

在"十四五"时期,北京市新型数字基础设施将保持国际先进、国内一流水平。届时,北京市 5G 网络、千兆光纤宽带将实现城乡全覆盖;此外,北京市数据中心规模化、集约化、智能化、绿色化发展水平将显著提高,算力水平将大幅提升;融合基础设施建设成效显著,北京市面向京津冀协同发展、服务全国的工业互联网创新应用示范基地将基本建成。

北京市将持续加大对信息通信基础设施的投资力度。在 2020 年 136.7 亿元的基础上,2025 年投资额将达 175 亿元,增幅高达 38.3%。

第二节　上海市网络通信(含 5G)产业与技术发展

一、发展情况

截至 2022 年末,上海市对通信基础设施的固定资产投资为 121.6 亿元,同比增长 10.1%。其中 5G 投资 40.6 亿元,在行业总投资中占比 33.4%。三家基础电信企业建成 5G 基站总数 7.1 万个,与上年末相比新增 2.3 万个。①

截至 2023 年末,上海已拥有近 9 万个 5G 基站,预计到"十四五"期末,上海将成为 5G 网络部署和融合应用的全球标杆城市。

二、行动计划

(一)以"建"为先,保障应用创新

上海正在全面推进 5G 网络深度覆盖"满格上海"行动计划,一是

---

① 数据来源:上海市 2022 年国民经济和社会发展统计公报。

加大 5G 网络在全市的部署力度,进一步提升重点区域的通信基站、通信管道和通信机房的规模部署和基础服务能级。二是持续提升 5G 网络在特色商圈等重点区域的深度覆盖。三是进一步推进 5G 在医疗、教育、文旅、交通、制造业等领域的创新应用,支持"5G＋多云互联"的融合创新场景。

2. 以"用"为本,深入生产领域

在钢铁领域,中国电信、中国移动联合宝钢股份等单位打造 5.5G 高可靠专网和 5G 固移融合的智能生产运决中心等,引领绿色钢铁智能智造,全面提升人均钢产量。上海联通携手施耐德电气打造了模块化、平台化的 5G 应用建设体系,助力供应链数智化升级,推动 5G 应用从外围辅助环节向核心环节深化拓展。中国电信上海公司联合江南造船厂,利用 5G 焊接机器人协同作业提升效率,降本增效。在文旅领域,中共一大纪念馆与中国联通联合出品"数字一大"元宇宙,基于 5G、算力、AI、元宇宙等赋能文旅深度合作,形成线上线下融合共生的红色文化体验讲述平台。

3. 以"研"为根,打造 5G 应用"上海样本"

根据工业和信息化部 2023 年启动的 5G 应用"扬帆之城"计划行动,上海将在以下方面重点部署 5G 建设:一是优化资源配置,建设一流基础设施,加快部署 5G 网络,加快发展万兆到户试点,到 2026 年成为全国网速最快、覆盖最全、时延最低的城市之一;二是集聚智能制造、无人驾驶等产业需求,创新网络架构运营模式,努力打造一批"5G＋"超级应用,助力行业转型发展;三是加快核心技术研发和标准研制,在超高速、光纤传输、下一代光网络技术等方面持续加大研发投入,引领产业的发展。

第三节　广东省网络通信(含5G)产业 与技术发展

一、发展现状

工业和信息化部公布的数据显示,截至 2022 年底,全国移动通信基站总数达 1083 万个,其中广东省 98.9 万个;截至 2023 年上半年底,全国 5G 通信基站 293.7 万个,其中广东省 30.9 万个。全国范围内,广东省通信基站数量和 5G 通信基站数量均位列第一。[①]

二、政策支持

2023 年 12 月,广东省通信管理局印发《关于推动广东省信息通信业高质量发展的指导意见》,提出广东信息通信业要深入贯彻习近平总书记关于推动高质量发展的重要论述精神和视察广东时的重要讲话、重要指示精神落地落实,根据工业和信息化部以及广东省委、省政府有关部署,落实《关于新时代广东高质量发展的若干意见》工作要求和广东省委"1310"具体部署,为制造强国、网络强国、数字中国建设提供强力支撑。

根据指导意见,到 2025 年,信息通信业高质量发展格局将初步形成,实现在创新实力、行业规模、融合赋能、开放合作等方面走在全国前列。其中,5G 用户普及率将达到 80%,千兆宽带以上用户数将提升至 2000 万户,新基建规模和能力将大幅跃升,满足个人和家庭美好数字生活需要;打造 5G-A 创新应用示范场景 10 个,积极顺应技术演进趋势,为 6G 发展奠定坚实基础;智能算力占比 50%,实现城区重要算

---

① 数据来源:工信部 2022 年通信业统计公报。

力基础设施间时延 1ms、韶关全国一体化算力网络枢纽节点和省内主要城市的直连网络传输时延 5ms，打造数字经济发展新引擎，助力数实融合、推进新型工业化发展、促进形成新质生产力；数字经济核心产业增加值占地区生产总值比重将达 20%，为全省数字化发展提供坚实底座和强劲动能；单位电信业务总量综合能耗将下降 17%，行业自身和赋能经济社会绿色发展成效持续提升。

到 2035 年，广东省在新一代信息通信技术创新能力方面将稳居全球领先，产业链供应链自主可控能力将显著提升，行业规模和发展质量将实现大幅跃升，以信息通信业高质量发展助力广东在中国式现代化建设中走在前列。

三、产业现状

2023 年 10 月，广东联通与华为、鼎桥等企业在佛山完成了全国最大规模的 RedCap 商用部署，拉开了"广东 5G RedCap 万站行动"的序幕。本次商用率先实现超 2000 站点网络规模开通，标志着中国联通已具备 RedCap 端到端商用能力。RedCap 作为轻量化 5G 技术，可降低 60% 的 5G 模组成本，使海量 5G 全连接工厂应用"轻"装上阵。

在局域场景，广东联通在美的、万家乐、小熊电器等数十家工厂批量开通了 RedCap，同时在美的厨热洗碗机工厂部署了数十台鼎桥 RedCap 商用 DTU 终端，通过 DTU 与 MES 设备相连，将产品组装工位、成品入库扫描等信息回传至车间生产看板，提高生产效率，实现生产环节可视可控。通过对部署过程中 RedCap DTU 端网适配结果的跟踪，包括接入小区和驻留小区、上下行峰值速率、用户时延等核心指标跟踪，以及批量 RedCap 终端同时并发对 5G 基站功耗、对存量 5G 用户的影响结果跟踪，最终表明 RedCap 在满足包括物流 AGV、园区监控、手持 PDA、MES/SCADA 设备联机等海量 5G 全连接工厂应用需求的同时，还将成为未来行业连接主力承载。

在广域场景，广东联通对已开通 RedCap 的站点进行了网络 KPI 监测，监测结果表明，RedCap 开通对存量 5G 用户体验、5G 基站负载等无负面影响,可实现 5G 网络 KPI 平滑过渡。随着 RedCap 业务部署规模的逐步扩大,逐步实现"有 5G 的地方就有 RedCap"。

未来,中国联通将继续贯彻工信部《关于推进 5G 轻量化(RedCap)技术演进和应用创新发展的通知》文件精神,携手华为、鼎桥等产业伙伴,发挥各方优势力量,坚持"网络先行、适度超前"的原则,不断推进"广东 5G RedCap 万站行动"进程,从网络、应用、生态等方面发力,加快建设一张泛在覆盖的 5G RedCap 中高速物联基础网,大力推进 RedCap 连接快速上量,创新孵化包括工业、电力、安防、车联等多个行业的 RedCap 应用终端,打造 RedCap 全国商用标杆,持续繁荣大湾区数字经济。

四、深圳产业现状

中国移动通信集团广东有限公司深圳分公司 5G RedCap 已经实现了深圳全城全网覆盖。5G RedCap 即轻量化 5G,是 5G-A 网络演进的重要方向之一,作为面向中高速物联场景的目标技术,5G RedCap 在保留 5G 网络大容量、低时延、网络切片等优势的同时,通过降低终端复杂性,有效实现了终端成本降低、尺寸变小、功耗减少等产业带动效果。

为推动 RedCap 的规模化商用,中国移动宣布,发布 5G RedCap"1+5+5"创新示范之城。其中,深圳作为重点打造的 5G RedCap 应用示范创新城市,将在智慧民生、智慧政务、低空经济、智慧车联等经济社会领域实现创新融合。

2023 年 10 月,工信部印发《关于推进 5G 轻量化(RedCap)技术演进和应用创新发展的通知》,强调到 2025 年,要实现 5G RedCap 产业综合能力显著提升,新产品、新模式不断涌现,融合应用规模上量,安全能力同步增强。

目前,深圳信息通信行业正在全面落实相关政策。5G RedCap 作为实现人、机、物互联的关键技术,将在落实推进新型工业化战略部署、构建物联网新型基础设施、促进 5G 规模化发展、赋能传统产业转型升级、推动数字经济与实体经济深度融合等方面发挥重要作用。

目前,5G RedCap 已成为降低5G 行业模组终端成本的关键"突破口"、5G 应用规模发展的重要"催化剂",将为5G 产业全链条发展创造新机会。

中国移动通信集团广东有限公司深圳分公司目前已具备 5G RedCap 技术的大规模商用能力,正不断探索实现视频监控、智能穿戴、车联网等中高速物联场景,推进 5G RedCap 更大范围、更深层次、更高水平地赋能行业发展,积极携手各界努力把深圳建设成 5G RedCap 应用示范创新城市。

第四节 国内主要网络通信企业技术发展

一、中国联通

(一)5G 用户数量

截至 2022 年 12 月,中国联通用户规模再创新高,"大联接"用户累计达到 8.6 亿户,宽带用户跨越 1 亿户这一历史关口;5G 套餐用户累计到达 2.1 亿户。推出"格物"设备管理平台,深入智慧城市和工业互联网两大领域,为客户提供便捷专业的设备管理服务,物联网率先实现"物超人",物联网终端联接累计到达 3.86 亿户。

(二)5G 商用状况

1."大联接"方面

中国联通抢抓"双千兆""物超人"发展机遇,坚持量质构效协同发展。确定 5G 商用发展战略,设计具体适用的政策,合理调配人、财、物各项资源,同向发力,协同发展。聚力做大联接规模与价值,通过规模效应提升产品价值;注重产品质量,确保合规性;通过结构优化,提升整体竞争力;围绕全量用户融合化发展,全力推进端网业协同的价值经营,聚力做大联接规模和价值。

2."大计算"方面

联通云全面升级至 7.0 版本,核心技术攻关取得突破,计算、存储、网络核心性能不断增强,成功上线自研操作系统 CUlinux 及数据库。深化云资源布局,满足客户全场景云需求,支撑数字政府、智慧城市建设,积极支持央企数字化转型。

3."大数据"方面

融合创新能力持续升级数智链,聚合数据治理、数据安全、数据可视化服务,提升数据处理和应用的效率,确保数据的安全性和可视化、展示的便捷性;完善产品体系,发布"资治"政务大数据平台,为政府部门提供高效、安全的数据处理和分析解决方案,有助于提升政府决策的科学性和精准性,11 项能力入围数据治理产业图谱。

4."大应用"方面

公司深化产品供给侧结构性改革,致力于打造 5G 新通信创新产品,构建"联通智家"产品体系,为广大客户带来品质升级的新体验。深入践行"一个联通、一体化能力聚合、一体化运营服务",聚焦垂直行业,锤炼专精特新能力,通过智慧物联,自主研发产品超过 200 款,年度新签合同额超过 100 亿元,超过前三年总和。基于 5G C2B"集中一朵云、分布一张网"的立体网络架构,持续创新 5G 专网 PLUS,荣获 Informa Tech 第 19 届 5G World 峰会"5G 专网产业领导力奖",发布 5G 专网产品体系 3.0,打造 50 款创新应用产品,服务 3800 余个行业专网客户,打造超过 16000 个 5G 规模化商用项目。以服务钢铁、矿山、装备制造等重点行业工业企业 5G 全连接工厂建设为抓手,深入全行业 20 个场景应用建设,打造 5G 全连接工厂项目 1600 余个,初步实现现场辅助装配、厂区智能物流等辅助生产环节规模化,并向远程设备操控、柔性生产制造等核心应用场景渗透。

5. "大安全"方面

发挥基础网络资源和四级运营体系优势,打造"云网数服"一体化安全产品和运营服务体系,发布"墨攻"安全运营服务平台,持续升级联通"云盾抗 D 先锋""大网态势感知"等优势产品,联手打造产业生态并推出安全云市场,不断满足政府、大型企业的多样化、场景化安全需求,已为 200 余家头部客户提供服务。为北京冬奥会、全国两会、党的二十大等重大活动提供网络安全保障服务,实现零事故、零失误、零投诉。

(三)5G 发展成果

2022 年,公司加大网络基础能力投入,着力建设"四张精品网":在网络建设方面,新增 31 万个 5G 中频基站和 17 万个 900M 基站,行政村覆盖率达到 96%;在宽带建设方面,保持北方领先优势,10 GPON 端口新增数量达到 214 万个,南方城市住宅覆盖率达到 80%,为宽带用户近两年高速增长奠定基础;在政企精品网方面,覆盖 307 个城市,近 15 万栋商业楼宇,巩固行业领先专线品牌,持续提升专线收入;在算力精品网方面,积极落实"东数西算"战略,全年算力投资达到 124 亿元,完善"5+4+31+X"多级架构,加强骨干网时延领先及多云联接优势。

资源供给能力更加充沛,在 170 个城市中实现"一城一池",MEC 节点超过 400 个;算力布局更加完善,IDC 机架规模达到 36.3 万架,千架数据中心覆盖 23 个省市;多云协同行业领先,骨干传输时延行业最低,内外部云池连接达到 336 个。未来,公司将在云计算、数据中心、骨干承载网等多个方面持续提升资源供给能力,进一步为数字经济快速发展筑牢根基。2022 年,公司克服疫情不利影响,引领大联接规模价值实现新突破:移动出账用户超过 3.2 亿户,5G 套餐用户渗透率达到 66%,用户结构进一步改善;优化基础业务产品结构,移动用户 ARPU 连续三年实现正增长,用户价值进一步跃升。顺应行业发展趋势,以"双千兆"网络升级为契机,打造融合化、群组化发展模式,构建宽带业务可持续增长基座。创新业务再提速,公司产业互联网收入首破 700 亿元,实现规模、增速双提升。大联接价值生长,物联网连接数达到 3.9 亿,5G 连接新增市场份额接近七成,在行业内率先实现了"物联网"超"人联网"。大计算积厚成势,"联通云"增长翻倍,2022 年实现收入 361 亿元,同比增速达到 121%。推动全国政务云发展,2022 年落地省级政务云十余个,医院上云两百余家。大数据持续领先,实现收入 40 亿元,同比增速达到 58%。近年来,公司为超过 20 个省级政府、100 个地市级政府提供了数字政府建设服务,为 25 个部委提供了大数据能力支撑,深度参与到各级政府的数字化、智能化运行当中,数据治理和数据安全的长板优势日益凸显。大应用实现领航,截至 2022 年底,累计打造 1.6 万个 5G 规模化应用项目,规模复制到国民经济 52 个大类,打造了 1600 多个 5G 全连接工厂,铸就"5G+工业互联网"第一品牌。2022 年荣获第 19 届 5G World 峰会"5G 专网产业领导力奖",第 5 届工信部"绽放杯"公司项目申报数量达到总数的 40%,获奖总数位列行业第一。大安全快速发展,专门成立网络与信息安全部和网络安全研究院,安全支撑团队人员超过 1,200 人。运营中国网络安全产业创新发展联盟,携手近 400 家合作企业共同筑牢坚强网络"新长城"。大安全 2022 年收入较上年增加近 4 倍,安全能力累计服务客户数过万家。公司连续三年被国资委授予"科技创新突出贡献企业"荣誉称号,荣获 2022 年世界互联网领先科技成果奖、2022 世界人工智能大会一等奖。

二、中国移动

(一)5G 用户规模

1. 个人市场

截至 2022 年 12 月底,公司 5G 网络客户达到 3.3 亿户,渗透率提升至 33.6%;净增 1.2 亿户,月均净增客户超 1000 万户,发展速度领先行业。5G 网络客户 ARPU、DOU 分别达到 81.5 元和 24.7GB,带动整体移动 ARPU 稳健增长。

2.家庭市场

截至 2022 年 12 月底,家庭宽带客户达到 2.4 亿户,月均净增客户 215 万户;移动高清客户达到 1.9 亿户,净增 2,511 万户,渗透率持续提升。组网、大屏、安防等重点场景智慧家庭业务快速上规模,健康养老、家庭教育、全屋智能等 HDICT 新场景实现突破。家庭宽带收入同此增长 9.4%,智慧家庭增值业务收入同比增长 43.4%,家庭客户综合 ARPU 保持良好增长。

3.政企市场

2022 年,行业云实现跨越发展,收入达到 412 亿元,其中 IaaS+PaaS 收入同比增长 122.2%;中国首位 OpenStack Superuser,自研 IaaS、PaaS、SaaS 产品超 210 款,引入合作 SaaS 产品超 1500 款。IDC 收入达 254 亿元,同比增长 17.2%;ICT 收入达 193 亿元,同比增长 33.7%;专线收入达 306 亿元,同比增长 16.1%;物联网卡客户数达到 10.6 亿人,物联网收入达 154 亿元,同比增长 35.5%。

4.新兴市场

国际业务方面,进一步拓展国际化经营,不断壮大国际业务规模,国际业务保持良好增长,5G 行业解决方案、物联网等重点产品能力持续强化,国际业务端到端服务质量不断提升,国际业务"朋友圈"持续扩大,全年国际业务收入达 167 亿元,同比增长 25.4%。

(二)发展现状

截至 2022 年底,公司累计开通 5G 基站超过 128.5 万个,算力规模达 8.0EFLOPS,累计打造 5G 行业商用案例超 1.8 万个。全力保障网络安全、数据安全、通信安全、内容安全,完成重大活动通信保障任务,开展泸定地震等突发事件的应急保障,切实保护个人数据隐私,维护用户合法权益,持续筑牢安全屏障。

2022 年,在全国范围内打造 5G 智慧农业示范项目 580 个,项目累计达 760 个,数字乡村覆盖超过 35 万个偏远农村,全面助力乡村振兴。持续深耕公益慈善,设立慈善基金,高效运营互联网公开募捐信息平台,开展公益慈善活动和志愿服务,努力将企业发展成果与社会共享。

三、中国电信

(一)5G用户规模

2022年,公司移动通信服务收入达到1910亿元,同比增长3.7%,移动用户达3.91亿户,净增1875万户,5G套餐用户达到2.68亿户,渗透率达到68.5%,同比提升18.1个百分点,移动用户ARPU达45.2元,同比增长0.4%。公司固网及智慧家庭服务收入达1185亿元,同比增长4.4%,宽带用户达到1.81亿户,净增1119万户,千兆宽带用户渗透率达到16.8%,同比提升9.1个百分点,宽带综合ARPU达元,同比增长0.9%。

(二)发展布局

1. 持续保持天翼云高速发展

全力打造云计算原创技术策源地,先后突破分布式数据库、云操作系统等50余项关键核心技术。天翼云4.0全面商用,市场份额持续攀升,已成为全球最大的运营商云和国内最大的混合云,挺进中国公有云IaaS及公有云IaaS + PaaS市场三强,保持专属云市场份额第一。

2. 持续加大AI、网信安全等新兴领域布局

在AI方向,建成业内首个十亿参数量级城市治理领域的大模型,核心算法能力覆盖图像、语音、语义等领域,上线AI算法超过5000种。在安全方向,持续强化产品服务能力,打造覆盖全网的"云堤"平台和一体化安全基础设施平台"安全大脑";持续优化自研量子安全服务平台,业内首发量子安全通话产品——量子密话。

3.持续打造 5G 行业应用及数字平台新优势

依托 5G、云、物联网、视联网等自有核心能力,持续升级 5G 2B 业务,加快打造 5G 定制网客户自服务运营平台,推进自研数字平台能力建设,构建统一的行业数字化平台底座,持续沉淀原子能力,推动 5G 行业应用及数字平台的业务能力和服务水平向纵深发展,5G 2B 商用项目累计发展近 15000 个,其中 2022 年新增项目超过 8000 个,充分释放垂直行业转型新动能。

4.在算力领域,优化布局

持续优化"2+4+31+ X + O"的算力布局,建设覆盖全国的"全网—区域—边—端"四级 AI 算力,汇集 5000 余个算法和上百个场景化解决方案,积极响应国家"东数西算"战略,聚焦八大枢纽节点加大布局力度。

5.加速建设千兆光网

持续加速千兆网络建设,建成规模最大的千兆光纤网络,10G PON 端口数超过 630 万个,服务区内覆盖超过 2.5 亿户家庭用户。

6.共建共享 4G /5G 网络

与中国联通全面深化共建共享,双方累计共建共享 5G 基站超过 100 万个,共享 4G 基站超过 110 万个,为全球通信行业贡献了共建共享关键技术和运营管理经验的路径。

7.攻关卫星通信领域

推动天地一体信息网络关键核心技术攻关,打通移动网和卫星网络,实现一卡多用。

8.在网信安全领域,构筑保障基石

发挥网信安全保障作用,形成覆盖云网边端的安全基础设施能力,建成覆盖全网的"云堤"平台,安全能力池覆盖 150 多个城市。

9.推动基础设施绿色低碳转型升级

全面推进云网基础设施绿色低碳转型,采用定制化高性能服务器等手段提升算效,应用各类节能新技术提升数据中心和电信机房能效,加快 AI 技术在移动基站和老旧机房的节能应用,全年节电超过 6 亿千瓦时,为经济社会的绿色低碳转型贡献行业力量。

四、大唐电信

(一)业务经营分析

2022 年,公司立足"安全芯片＋特种通信"战略布局,着力提升管理效能,进一步夯实资产质量,筑牢发展根基,直面风险挑战,捕捉战略机遇。2022 年的相关工作开展,为公司健康稳健发展进一步奠定了基础,保证了公司稳定、健康发展,整体经营形势向好。2022 年,公司实现营业收入 10.7 亿元,实现归属于母公司所有者的净利润 3000 余万元,实现扭亏为盈。公司资产质量明显改善,"两金"净额大幅下降,比年初减少 3 亿元,降幅为 22％;资产负债率由 62.40％降至 49.25％,降低了 13.15 个百分点。

公司聚焦主责主业,紧跟客户需求,直面阻碍公司发展的根本性问题,寻求可行路径,市场基础初步形成。特种通信产业紧跟客户需求,紧盯重点项目,想方设法寻求市场突破;安全芯片产业进一步明确发展路径,主营业务稳中有升。公司持续开展核心技术攻关和科研体系建设,核心竞争力进一步提升。2022 年,公司共申请专利 16 件,实现专利授权 15 件,取得软件著作权 1 项。通信体制创新设计取得突破,自主可控平台产品化能力持续提升,下一代特通网络研发取得进展。

(二)5G 产业布局

公司持续聚焦专用移动通信、专用宽带电台、宽带移动安全应用三大主营业务方向。在专用移动通信方向,通过系统创新应用,成为具有重要话语权的核心设备承制商;在专用宽带电台业务方向,通过技术创新应用,成为创新波形体制和自主可控平台供应商;在宽带移动安全应用业务方向,通过融合创新应用,成为系统解决方案及 5G

创新应用开拓者;在新业务方向和产品上,正在努力拓展 1—2 个新业务增长点,突破市场,形成批量装备产品。公司坚持"以型号产品列装为主线,以相关领域与协作单位的高效深度合作为补充"的市场策略,积极推动改型产品销售、落实基地建设项目、拓展 5G 新产品新应用。已有产品市场占有率稳步提升,突破性进入新的细分市场;下属企业获得涉密信息系统集成资质证书,海上风电、智慧营区领域实现较大突破。

(三)核心竞争力分析

公司拥有领先的安全芯片技术,包括系统安全设计、算法安全设计、物理安全设计和安全探测等技术,可有效防止非侵入式、半侵入式和侵入式等多种芯片攻击手段,在安全性方面达到了业内领先水准。在安全芯片领域,公司是国内最早从事相关设计的企业之一,具有广泛的品牌影响力和知名度。公司社保卡芯片实现多个地市供货;金融IC 卡芯片覆盖 100 多家商业银行;物联网安全芯片实现规模商用出货,得到市场的广泛认可。公司与国内主流 Foundry 厂和封装测试厂形成长期合作伙伴关系,为公司芯片产品的产能稳定提供了充分保障。通过多年的市场耕耘,积累了深厚的客户资源,与金融、社保、交通、政府等行业客户形成良好合作关系。

特种通信业务核心竞争力。在通信体制方面,具有接入网和自组网关键技术和核心波形积累;在自主可控方面,具备专网基站及核心网产品的国产化软硬件平台定制能力。公司参与多项相关行业技术标准编制,成为特种通信行业软件无线电标准制定工作组成员。特种通信行业具备较高的资质准入门槛,进入该行业的企业必须在相关项目有效运行基础上才能申报、取得资质,资质的取得时间一般为 3 年,且资质审查要求非常严苛,通过率较低。此外,近年来,相关监管部门对资质的发放数量进行了缩减,对该领域的潜在进入者设置了较高门槛。公司经过多年的经营积累,目前已具备生产经营所需的相关资质,证书齐全有效。

五、华为

(一)基本业务分析

2022年,5G行业应用迈入黄金发展时期,华为落地创新应用案例累计超过2万个。华为提出GUIDE商业蓝图,发布了"全面迈向5.5G时代"的理念。打造100多个场景化解决方案,成立煤矿、公路水运口岸、政务一网通、电力数字化、数字金融、机场与轨道等军团。发布HarmonyOS 3,对超级终端进行全面扩容。华为云布局了全球29个地理区域,逐渐成为金融业、制造业等行业客户上云的首选。数字能源助力客户累计生产绿电6951亿千瓦时,节约用电195亿千瓦时,减少二氧化碳3.4亿千瓦时,相当于种植了4.7亿棵树。鲲鹏和昇腾AI计算产业发展超过5200家合作伙伴、310万名开发者,完成14000多个解决方案认证。黄大年茶思屋科技网站正式启用,吸引学术圈认证用户超过12万人,向全社会公开发布"难题揭榜"。华为Tech4all教育项目在全球600多所学校落地,逾22万名师生及青少年从中受益。加入国际电联Partner2Connect数字联盟,承诺到2025年将帮助全球80多个国家的1.2亿偏远地区人口连接数字社会。

(二)关键业务进展

1.无限领域

在无线领域,华为与全球产业界共同探索和定义6G,提出6G六大支柱技术。坚持理论创新与原型验证并重,率先实现220GHz太赫兹频段通信原型系统,峰值速率高达240 Gbit/s;用毫米波实现超10 Gbit/s的吞吐率和亚毫秒级时延的极致体验短距通信;创新提出可调谐反射板结合冷源反射板的混合阵列架构,在10GHz波段非视距场景下实现近41dB的覆盖增益。完成全球首个基于5G NR协议的低轨卫星移动接入外场验证,以及全球首次在太赫兹频段采用相同的硬件和波形同时实现高速通信和毫米级高精度感知成像。

2.光网络领域

在光网络领域,通过高速信号低复杂度非线性波形设计、200GB超高速光电调制器等关键技术,持续推进长途单波速率从 400Gbit/s 向 800Gbit/s 演进。突破超宽谱 S+C+L 光放大器、先进高阶调制光算法、宽谱光系统性能均衡等关键技术,实现 50% 光频谱扩展。在与 Orange 联合开展的现场测试中,创造了光纤传输 157Tbit/s 120km 的新纪录。

3.数据通信领域

在数据通信领域,总线级 DCN 以全新的架构设计完成了以太、FC、IB 三网合一,实现超算网络、存储网络性能突破。持续构建下一代以太技术体系,模拟补数字实现功耗降低 50% 左右,检纠分离实现接口时延降低 70% 左右,柔性切片实现 n∗10Mbit/s 颗粒度专线。

4.智能运维领域

在智能运维领域,构建运维预训练基础模型,统一网元数据表征,解决运维烟囱式建模的痛点,在故障数据分析、根因定位、客诉问答、信令智能分析、变更辅助等多个下游任务上相比原有单一模型提升显著。超大规模无线参数并行优化技术实现 5G 下行用户边缘速率提升超过 10%。

5.云计算领域

在云计算领域,面对异构计算跨芯片、跨服务器节点通信的性能和时延难题,重新定义计算集群通信总线技术架构,完成从芯片间到节点间互联标准的统一,实现毫秒级虚机热迁移,可大幅提升网络效率。发布业界首个异构计算集群软件平台,计算资源利用率提升超过 35%,在深度的大数据分析、检索等场景性能提升超过 100%。

6.终端领域

在终端领域,打造华为拍照 XMAGE 人像/夜景新体验,持续引领手机拍照技术创新。首创"双旋鹰翼"折叠转轴,突破高强度和平整无折痕的材料难题,进一步降低折叠屏手机重量。扎根材料/工艺技术,打造超可靠昆仑玻璃,提升耐摔性能10倍以上,获全球首个瑞士SGS五星级玻璃耐摔权威认证。由Orange和华为巴黎光通信技术实验室共同组成创造了120km光纤157 Tbit/s传输速率新纪录的联合测试团队。

7. AI算法领域

在AI算法领域,基于昇腾、昇思和华为云,提出了具备查搜能力的模型库技术ZooD,实现模型性能提升超过30％。发布天筹AI求解器,可满足多场景的复杂问题高维优化求解需求。首次实现生成模型的量化压缩,压缩率提高10倍以上且性能无损,并且蒸馏技术提升后量化速度提升100倍以上,支撑华为云亿/百亿/千亿参数全精度模型的部署。

8. 基础软件领域

在基础软件领域,持续聚焦根技术投入,构筑产业根基。通过操作系统微内核、存储、调度等架构创新,实现硬件资源利用效率显著提升。GaussDB实现融合存储引擎、全密态和智能优化器的创新突破,在性能、安全、高可用上构建出差异化竞争力。在软件生态方面,持续开源开放,与全产业共建,openEuler、openGauss等生态建设进入快车道,欧拉系生态新增装机量超过300万套,开发者超过300万人,合作伙伴超过2000家;搭载HarmonyOS的华为终端达到3.3亿台、鸿蒙生态开发者超过200万人、鸿蒙智联合作伙伴超过2300家。

9. 网络安全领域

持续研究安全可信技术,提升软件工程、系统工程等研发工程技术和能力,为客户打造安全、可靠有韧性的高质量产品。建立起覆盖研发、采购、交付与服务端到端的IPD-SFP网络安全工程体系,将最佳实践固化并融入业务流程及IT作业平台,构建领先的网络安全能力。提出了以全量资产为核心的数字系统设计方法,可解决传统模式下海量文档无法继承和传递的问题,实现大规模复杂系统的经验资产高效复用,使设计与验证更加敏捷。作为 Rust 等开源社区、ISO、ITU-T、3GPP、IETF 等标准组织的主要参与方和贡献者,共同构筑数字世界的信任基石。

六、中兴通讯

(一)业务经营分析

2022 年是战略超越期的开局之年,集团实现营业收入 1229.5 亿元,同比增长 7.36%,国内和国际两大市场运营商网络、政企业务和消费者业务三大业务的营业收入均实现正向增长。其中以服务器及存储、5G 行业应用、汽车电子、数字能源、智慧家庭等为代表的创新业务营业收入快速增长,为战略超越期顺利开局奠定基础。2022 年,集团盈利能力持续提升,归属于上市公司普通股股东的净利润为 80.8 亿元,同比增长 18.60%,归属于上市公司普通股股东的扣除非经常性损益的净利润为 61.7 亿元,同比增长 86.54%。

(二)5G 研发投入

1. 坚持长期投入,掌控底层核心技术

在芯片领域,集团具有近 30 年的研发积累,在先进工艺设计、核心 IP、架构和封装设计、数字化高效开发平台等方面持续强化投入,已具备业界领先的芯片全流程设计能力。集团扎根 5G 通信网络芯片底层技术研发,同时随着算网一体化发展,为满足云、边、端多样化场景需求,拓展基于异构计算的领域定制技术和产品,支撑产品竞争力持续引领。在数据库领域,集团持续投入自主研发的分布式数据库 GoldenDB。发布 GoldenDBv7.0 年度版本,在混合交易负载场景下,满足银行、运营商在"双 11"与计费等核心场景的业务需求;支持百万级 TPS 和百亿级发卡量,可靠性比肩大型机数据库。进一步提升金融及运营商市场领先优势,在金融市场,2022 年新增中国银行、光大银行、民生银行、恒丰银行及浙商银行等客户,助力国泰君安证券新一

代核心交易系统投产,打造国内首个证券行业核心业务改造的成功示范;在运营商市场,以第一份额中标中国移动、中国联通集采。在操作系统领域,集团历经20余年的自主研发,在内核、虚拟化、研发工具等核心方向上取得一系列成果,系统的实时性、可靠性、安全性处于业界领先水平,形成涵盖嵌入式、服务器、桌面和终端等设备类型的操作系统全系列解决方案。产品已广泛应用于通信、汽车、电力、轨道交通等行业,累计发货超2亿套,为全球客户提供功能强大、坚实可靠的基础软件平台,先后荣获中国通信学会科学技术一等奖和第四届中国工业大奖。

2.技术创新引领,实现产品竞争力持续提升

在无线领域,集团面向运营商客户和行业客户打造高性能、智简、绿色、低碳的移动通讯网络。依托以芯片、算法和架构为核心的强大底层能力,发布了新一代极简站点 UniSite NEO 方案,包括三频三扇合一的 OmniUBR 产品、大功率 UBR 产品和新一代 5 系列 AAU 等创新产品,支持多频多模、大功率、大带宽的同时,设备尺寸、重量和功耗都有大幅下降,业内领先。与运营商深度合作,在北京、广州、成都和大连等城市打造 5G"领航城市",形成多张覆盖连续、性能优异、技术先进的精品网络标杆。

3.赋能产业转型,与行业共同创造价值。

在产业数字化领域,集团推出数字星云平台,为企业数字化转型提供快速灵活定制方案。基于数字星云的智慧运营中心,首批100%通过信通院企业智慧运营服务能力评估。集团为中信海直、南京港集团等大型企业提供数字化转型顶层设计,同时在工业制造、冶金钢铁等15个行业发展了500多家合作伙伴,实现百余个数字化转型的创新应用,打造一系列标杆项目,获得工信部绽放杯、联合国 WSIS 冠军奖等荣誉。

4.广泛参与标准工作,储备丰富价值专利。

集团位列全球专利布局第一阵营,是全球 5G 技术研究、标准制定

主要贡献者和参与者。截至 2022 年 12 月 31 日,集团拥有约 8.5 万件全球专利申请、历年全球累计授权专利约 4.3 万件。2022 年,集团在第二十三届中国专利奖评选中荣获金奖,已累计获得 10 项金奖、2 项银奖、38 项优秀奖,在广东省专利奖评选中累计获得 27 项奖项。

(三)发展布局

集团致力于 ICT 产品研发及解决方案提供,集设计、开发、生产、销售、服务等功能于一体,聚焦于运营商网络、政企业务、消费者业务三大板块。

1.运营商网络

面向运营商传统网络,集团依托研发能力和技术能力,以及对市场的理解,从性能、效率、智能、低碳和安全等方面持续强化产品解决方案竞争力,从满足需求走向引领需求,从跟随市场走向引领市场。在无线产品方面,集团作为国内 5G 规模商用的主要参与者,通过产品方案创新支撑 5G 覆盖向广向深发展,5G 行业拓展从管理域走向生产域。同时,集团携手主流运营商,在西班牙、奥地利、意大利和泰国打造 5G 示范网络。2022 年,集团 5G 基站发货量、5G 核心网发货量均为全球第二。在有线网络固网接入领域,积极把握全球宽带接入光纤化机会,保持市场领先优势;在光传输领域,集团国内运营商 OTN 集采份额领先,进一步优化了市场格局,全光交叉产品在广东、山东、浙江、江苏等 20 余个省份的干线和本地网实现规模部署;在路由器领域,集团核心路由器服务运营商骨干网超级核心节点,并在国内 20 多个省份实现规模部署。

面向运营商云网业务,集团基于自身的 ICT 设备能力、软件开发能力、集成创新能力,在云网融合、算力网络等关键点发力,提供适配的产品和解决方案,包括服务器及存储、芯片、操作系统、视频中台、数据中心等。公司服务器及存储产品连续多年入围运营商集采,2022年在国内多个运营商服务器集采中,份额排名均居于前列。

2. 政企业务

数字化转型浪潮下,公司聚焦互联网、金融、能源、交通等重点行业,围绕企业客户需求,加强研发投入,从传统网络侧的CT技术扩展到IT技术,将ICT技术与行业深度融合,实现较快增长。在服务器及存储方面,公司积极构建底层竞争力,成功服务互联网和金融行业的多家头部客户。在数字能源方面,公司提供预制全模块数据中心、微模块数据中心、集装箱数据中心等解决方案,以及供配电、暖通、管理等核心系统,引领国家新型数据中心建设,助力绿色低碳数据中心发展。在产业数字化方面,公司在以5G为核心的云网底座,依托"数字星云"建设企业的数字平台,为行业客户提供灵活、便捷、高效的定制方案,达到业务有韧性、系统可生长、成本能降低。在分布式金融数据库方面,公司的GoldenDB支撑银行核心业务稳定运行已超过四年,是唯一拥有国家政策性银行、国有大型银行、股份制银行、城商行及大型金融机构、电信运营商核心业务改造实践的金融数据库。

3. 消费者业务

2022年,公司打造以智能手机为核心的"1+2+N"智慧生态,逐步整合手机、移动互联产品、家庭信息终端及生态能力,为消费者个人和家庭提供丰富的智能产品选择。在手机产品方面,中兴品牌手机持续推动移动影像和显示体验双引擎创新,强化在屏下摄像领域的优势,推出搭载全球领先的第三代屏下无缺全面屏和三主摄计算摄影旗舰手机中兴 Axon 40 Ultra;在移动互联产品方面,公司 MBB & FWA 市场份额全球领先;在家庭信息终端产品方面,实现跨越式增长,公司 PON CPE 和机顶盒市场份额持续领先,Wi-Fi 6 产品在意大利、西班牙、日本、泰国等国家实现规模商用,Android TV 机顶盒持续规模发货亚太、欧洲、南美等区域。

第四章　网络通信(含5G)技术发展路线

　　网络通信(含5G)作为一个复杂而庞大的系统,其每个部分都有相应的产业与技术发展环节:在产业链方面,网络通信(含5G)的产业链环节主要包括芯片、光器件、射频器件、印制电路板等上游基础元器件,移动通信基站、光线光纤市场等中游基础建设,工业互联网、石化化工、装备制造等相关行业的下游应用市场。在技术发展方面,当前网络通信(含5G)的技术突破方向主要为高频段传输、新型多天线传输、同时同频全双工等,其技术演进目标主要为下行 MIMO 增强、上行传输增强、移动性增强等,网络通信(含5G)行业的未来发展主要聚焦于基于 SLA 的行业组网优化技术、全连接行业接入网络融合技术、高带外 OOB 抑制技术等。网络通信(含5G)技术发展具体路线如图 4-1 所示。

第一节　网络通信(含5G)产业链主要环节

　　5G 产业链范围宽广,可分为上游基础元器件、中游基础建设及下游应用市场。其中,上游的基础元器件包括芯片、光器件、射频器件等;中游的基础建设包括移动通信基站和光纤光缆市场;下游的应用市场包括工业互联网、石化行业应用等。如今,下游的应用愈发广泛,

图 4-1 网络通信(含 5G)技术发展路线

5G 产业与各行各业的关系越来越紧密。

5G 产业链,或者说通信产业链,不是一个单一的链条,而是一个复杂的整体,由多个部分共同组成。每个部分都有自己的产业链。从宏观上看,5G 网络产业链可以分为三个领域,和通信网络架构一一对应,分别是接入网产业链、承载网产业链和核心网产业链。

一是接入网产业链。这个产业链是最值得关注的,因为对 5G 这样的公网来说,需要建设数量和规模非常庞大的基站和光纤通信网络。基站属于接入网,是 5G 产业链的重要组成部分。

二是承载网产业链。承载网主要负责传输数据,5G 承载网产业链主要包括光通信产业链。

三是核心网产业链。核心网是通信网络的心脏,负责管理和调度整个网络。5G 核心网产业链包括网络规划设计、无线主设备、传输设备、终端设备和运营商等环节。

此外,5G 产业链还包括 PCB/CCL 产业链和介质波导滤波器等环节。总的来说,5G 产业链是一个复杂而庞大的系统,每个部分都有自己的产业链,需要各个环节的协同合作才能实现 5G 网络的完整和高效运行。

一、上游基础元器件

(一)芯片

集成电路行业处于电子信息产业的上游,受下游需求影响很大。目前,国内电子信息产业持续高速发展,提升了我国集成电路行业的景气度。2017 年,我国集成电路产量达 1564.90 亿块,2018 年增至 1739.5 亿块,2019 年增至 2018.2 亿块,2020 年达 2613 亿块。2022 年,我国集成电路产量为 3241.9 亿块,同比下降 11.6%;国内集成电路行业需求量约 5892.3 亿块,同比下降 13.9%。2024 年,我国已成为全球最大的集成电路市场之一,国内集成电路产量呈现出平稳增长的态势。国家统计局数据显示,2024 年我国集成电路累计产量为 4514.2 亿块,与 2023 年相比增长了 999.8 亿块,产量累计同比增长 22.2%。[①]

根据海关总署公布的数据,2024 年,中国进口的集成电路总量为 5492 亿块,同比增长 14.6%。全年集成电路(微芯片)进口总额为 3856 亿美元(约合人民币 2.8 万亿元),同比增长 10.4%。芯片出口

---

① 数据来源:2017—2024 年中国国民经济和社会发展统计公报。

量达到 2981.1 亿块,出口金额达到 1595.0 亿美元(约合人民币 1.2 万亿元)。尽管中国芯片出口增长迅速,但进口规模依然大于出口规模,贸易逆差依然存在。2024 年,中国芯片贸易逆差达到 2261 亿美元(约合人民币 1.6 万亿元),显示出中国在高端芯片领域的进口依赖依然较大。

(二)光器件

在宏观环境影响下,2022 年光器件的主要应用领域如消费电子、安防监控、工业制造等的市场需求下滑,短期影响了光学企业的市场表现,光器件的整体市场规模近十年来首次出现下滑。光学元器件被誉为人工智能、物联网、数字经济等新兴信息技术的"眼睛",直接面向消费电子、智能汽车、智能家居、智能制造等广阔的下游市场,赛道足够细分和广阔。近几年以智能汽车、智能投影、生物检测、半导体制造、智能可穿戴、运动摄像、AR/VR、智能家居等为代表的新兴市场持续发力,为光学元器件的发展注入新活力。从长远看,光学元器件有望在智能化、数字化、信息化等新技术浪潮下重回增长轨道。

根据中国光学光电子行业协会光学元件与光学仪器分会的数据,2022 年度中国光学材料及元器件行业(含部分光学仪器)实现营业收入约 1656 亿元人民币,同比下滑 2.6%。精密光学元器件产业规模 1455 亿元,其中,传统光器件规模 837.5 亿元,精密光器件规模 617.5 亿元。

近年来,国内精密光器件国产化率整体呈现上升态势,从 2018 年的 50.27% 上升至 2022 年的 55.74%。2022 年我国精密光器件市场规模 617.5 亿元,其中,工业级精密光器件规模 12.4 亿元,消费级精密光器件规模 605.1 亿元。

(三)射频器件

高度集成化、小型化和高性能的射频器件越来越受到重视,为现代通信和电子系统的成功运行提供了必不可少的支持。未来,随着5G、6G 和射频技术的不断发展,射频器件行业将继续迎来新的挑战和机遇,为全球无线通信和连接性的发展做出更大的贡献。

(四)印制电路板

2022 年,我国印制电路板(printed circuit board,PCB)行业销售收入 6536.52 亿元,进口金额 721.98 亿元,出口金额 1332.59 亿元,行业市场规模 5925.91 亿元。近年来随着下游产业的快速发展以及国内企业产能的不断扩张,我国 PCB 产量维持增长态势,2022 年中国的 PCB 产量为 8.55 亿平方米,PCB 需求量则增加到 7.03 亿平方米。

二、中游基础建设

(一)移动通信基站

根据工信部数据,至 2022 年底,全国的移动通信基站数量已经达到 1083 万个,整年的净增额为 87 万个。从新增数量和增长趋势看,我国已成为世界第二大基站市场。在这之中,5G 基站的数量达到 231.2 万个,而在一年之内,新建的 5G 基站数量为 88.7 万个,占到了移动基站总数的 21.3%,与上一年相比增长了 7 个百分点。

2022 年,我国移动通信基站设备产量达 667 万射频模块;2023 年 1—11 月,我国移动通信基站设备产量达 572.1 万射频模块。

(二)光纤光缆市场

根据国家统计局数据,我国光缆产量从 2013 年的 2.27 亿芯公里增长至 2017 年的 3.42 亿芯公里;2018—2019 年,受运营商资本开支下降等影响,行业产量持续出现下跌;2020 年以来,在 5G 投资启动及加快建设等的带动下,光缆产量恢复增长,2020 年和 2021 年同比增幅分别为 8.91% 和 11.44%;2022 年国内产量增长至 34574.5 万芯公里。

截至 2023 年 6 月,我国的光缆总长度已经达到了 6196 万公里,相较于 2022 年 12 月有了 238.1 万公里的净增长。目前我国已建成并投入使用的通信网络中,约有一半以上是光纤到户系统,其中接入网光缆、本地网中继光缆以及长途光缆线路的占比分别达到了 62.6%、35.7% 和 1.7%。

三、下游应用市场

近年来,中国手机出货量一直呈现下降趋势,市场已经接近饱和,消费者对于手机的需求逐渐减弱。2022 年 12 月,国内市场手机出货量 2786.0 万部,同比下降 16.6%;2022 年全年,国内市场手机总体出货量累计 2.72 亿部,同比下降 22.6%。随着智能手机的广泛推广和普及,移动互联网市场的规模也得到了进一步的扩大,导致中国的手机用户数量持续上升。CNNIC 数据显示,截至 2023 年 6 月,我国的手机用户数量已经增长到 10.76 亿,这比 2022 年 12 月的数字增加了 1109 万,网民中使用手机上网的比例为 99.8%。

2022 年,我国工业互联网规模化发展加快,产业规模超过 1.2 万亿元,同比增长 15.5%,为经济社会高质量发展提供了有力支撑。2023 年第一季度,工业和信息化部公布了包括 5G 工厂、工业互联网园区和公共服务平台在内的 218 个工业互联网试验示范项目,旨在创建一系列应用实践的典范,并加速数字化转型的进程。"5G+工业互联网"的整合发展已经加速,工业公司、电信服务提供商等产业主体正在共同进行项目建设,共同构建"5G+工业互联网"的新发展格局。

石化化工行业企业推动智能分析、智能巡检、管控平台等技术创新,实现了主动运维、提高检测效率、提升管理效率。

装备制造行业企业进行智能 AGV、操控系统、预测维护等技术创新,实现了物流效率、操作安全和运维效率的提升;

钢铁行业企业基于工业互联网进行智能管理系统、生产数据采集和人员智能监测等技术创新,实现了无人天车运行、监测效率提升、人员安全管理。

纺织行业企业发展工业互联网,进行大数据平台、AI 质检系统、自动测量等技术创新,实现了生产安全监控、质量管理增强、定制水平提升。

电子设备企业开展数据可视化、设备数据实时采集等技术创新,实现了生产监控能力增强、设备管控水平升级和管理效率提升。

5G技术在仓储物流领域的应用主要体现在数据共享和信息传输、智能仓储管理、分散仓统一管控、设备集成与控制、设备远程运维与控制、能耗监控以及多方式监控等方面。智能电网代表了电网的智能化进程,也常被人们称作"电网2.0"。它是基于一个集成的、高速的双向通信网络而构建的。通过采纳先进的传感和测量技术、高端的设备技术、科学的控制策略以及前沿的决策支持系统技术,实现电网的可靠性、经济性、高效性、对环境的友好性以及使用过程中的安全性。智慧港口是以信息物理系统为框架,通过高新技术的创新应用,使物流供给方和需求方沟通融入集疏运一体化系统,可极大提升港口及相关物流园区对信息的综合处理能力和对相关资源的优化配置能力,智能监管、智能服务、自动装卸是其主要呈现形式,并能为现代物流业提供高安全、高效率和高品质服务的一类新型港口。

第二节　网络通信(含5G)技术发展方向

一、技术突破发展方向

(一)高频段传输

传统的移动通信工作主要集中在3GHz以下的频段,这导致频谱资源非常有限。然而,在高频段,如毫米波和厘米波频段,可用的频谱资源更为丰富,能够实现极高的短距离通信速率,同时还能满足5G网络容量和传输速率的需求。由于毫米波频段信号传播特性良好,因此被认为是下一代无线通信系统中最具潜力和吸引力的技术之一。在未来的发展方向中,将高频技术融入移动通信领域将是一个明显的趋势,而这一领域也受到了行业内的高度关注。毫米波移动通信技术以其独特优点被认为是未来无线通信领域最具潜力和最有前途的关键技术之一。在高频段,毫米波移动通信的主要优点包括充裕的带宽、小型化的天线和器件以及更高的天线增益。然而,它也面临着传输距离短、穿透和绕射能力不足以及容易受气候变化影响等问题。因此,如何利用现有设备提高信道利用率和性能成为当前无线通信领域关注的热点。在射频器件和系统设计中遇到的难题,仍需进一步地深入探讨和解决。目前,监测中心正在积极研究高频需求,并寻找潜在的频段选择。由于我国幅员辽阔,不同区域对频率和功率有着特殊要求,因此,必须综合权衡各种指标以确保监测任务的顺利完成。虽然目前的高频频段资源相当丰富,但仍需进行科学的策划和全面的思考,以确保有价值的频谱资源得到最优的分配利用。

(二)新型多天线传输

多天线技术已经经历了从无源到有源,从二维(2D)到三维(3D),从高阶 MIMO 到大规模阵列的转变,预计将实现频谱效率的数十倍甚至更高的提升,这也是当前 5G 技术研究的一个重要方向。目前在基站端已提出了多种解决方案以解决这一问题。由于采纳了有源天线阵列的技术,预计基站侧可以支撑的合作天线的数量将达到 128 根。这些新设备将会极大地增加无线网络的容量,提高网络吞吐量。此外,将原有的 2D 天线阵列扩展为 3D 天线阵列,形成了一种创新的 3D-MIMO 技术,该技术支持多用户波束的智能赋型并减少用户间的干扰。当与高频毫米波技术结合使用时,可以进一步增强无线信号的覆盖能力。这些都使得多天线技术成为目前无线通信领域中最具吸引力的热点之一。目前,研究人员正专注于大规模天线信道的测量与建模,阵列的设计与标定,以及导频信道、码本和反馈机制的研究。在未来,计划支持更多用户使用空分多址(SDMA)技术,大幅降低发射功率,实现绿色节能,并增强网络的覆盖能力。

(三)同时同频全双工

在过去的几年里,同频全双工技术成功地引起了行业内的广泛关注。由于采用同一频段的两根天线可以实现同相正交传输,因此被称为全双工技术。通过应用这项技术,在相同的频率范围内,通信的发送和接收双方可以同时进行信号的发射和接收。与传统的 TDD 和 FDD 双工模式相比,理论上来说,这种方法能够将空口频谱效率提升一倍。由于采用同频率工作,系统具有良好的抗多径能力,可以有效地降低对基站天线数量的要求。全双工技术有能力突破 FDD 和 TDD 模式在频谱资源使用上的局限性,从而让频谱资源的应用变得更为多元和灵活。但是,全双工技术必须拥有出色的干扰消除功能,这为干扰消除技术带来了巨大的考验,并且还伴随着邻近小区的同频干扰问题。针对上述难题,后文将从不同角度进行研究分析,并提出相应解决方案,以实现全双工技术优势。在存在多根天线和多个网络的环境中,全双工技术的实施面临更大的挑战。

(四)D2D

传统的蜂窝通信系统通常以基站为核心来实现小区的网络覆盖,但由于基站和中继站不能进行移动,导致其网络架构在灵活性方面存在一些局限性。随着无线通信网络向高速率、低延迟方向发展,人们对无线网络提出了更高要求。随着无线多媒体服务的持续增长,传统的以基站为核心的服务模式已经不能满足大量用户在各种环境中的业务需求。因此,需要一种新的网络架构来满足用户多样化的应用场景需求,即通过将无线网络中多个节点进行融合形成一个整体,从而获得良好的网络覆盖效果。D2D 技术能够在不需要基站协助的情况下,实现通信终端间的直接交流,从而拓宽了网络连接和接入途径。得益于短距离的直接通信和高质量的信道,D2D 可以达到更高的数据传输速度、更短的延迟和更低的能耗;利用遍布各地的终端设备,可以优化其覆盖范围,并高效地使用频谱资源;为增强链路的灵活性和网络的稳定性,提供了更为灵活的网络结构和连接策略。现阶段,D2D采纳了广播、组播和单播的技术策略,而在未来,它的增强技术将得到进一步的发展,具体包括基于 D2D 的中继技术、多天线技术以及联合编码技术等。

(五)密集网络

在以后的 5G 通信技术中,无线通信网络正在向网络的多样性、宽频带、综合性和智能化方向发展。其中,超密集网络结构是未来移动无线网络的发展趋势。随着各类智能设备的广泛应用,可以预见数据流量将会经历爆炸式的增长。由于用户密度高以及网络拓扑结构复杂等,现有网络难以满足用户日益增长的带宽需求。预计未来的数据业务将主要集中在室内和热门区域,这将使得超密集网络成为满足未来 5G 技术 1000 倍流量需求的主要途径之一。超密集网络是一种以用户为中心的无线网络架构,可以有效地利用网络资源来满足用户日益增长的多样化服务需求。超密集网络不仅能优化网络的覆盖范围、显著增加系统的处理能力,还能对各种业务进行有效分流,从而实现更为灵活的网络布局和更高效率的频率复用。展望未来,面对高频段和大带宽的需求,计划实施更为集中的网络策略,预计部署的小区或扇区数量将超过 100 个。因此,如何有效管理这些微小区内的用户以及如何合理分配资源来提高网络资源利用率成为当前亟须解决的问题。与此同时,网络部署变得越来越密集,导致网络拓扑变得更为复杂,小区之间的干扰已经变成限制系统容量增长的主要障碍,这极大地降低了网络的能效。为了提高密集无线网络的性能,需要从多方面入手来解决。目前,在密集网络领域,干扰的消除、小区的快速识别、密集小区之间的合作以及基于终端能力增强的移动策略等都已成为研究的焦点。

(六)新型网络架构

现在,LTE 接入网已经采纳了网络的扁平化设计,这不仅缩短了系统的延迟时间,还有效地降低了建设和维护的费用。随着移动通信技术向高频段发展,对频谱资源的需求越来越多样化,同时也要求在现有基站基础上增加大量天线以满足业务带宽扩展需求。C-RAN 是一个绿色的无线接入网络架构,基于集中式处理、合作式无线电技术和实时的云计算框架,与传统无线网络相比具有更低的能耗以及更好的可靠性和灵活性,因此被认为是下一代无线通信网络的发展方向之一。C-RAN 的核心理念是通过最大限度地利用低成本和高速的光传输网络,直接在远程天线和集中的中心节点之间传输无线信号,从而构建一个覆盖数百个基站服务区域,甚至数百平方公里的无线接入系统。其核心层由多个不同频段组成,可以支持多种业务模式。C-RAN 架构非常适合使用协同技术,它可以有效地减少干扰,降低能耗,提高频谱效率,同时也便于实现动态使用的智能组网,集中处理可以降低成本,方便维护,并减少运营成本。当前的研究焦点集中在 C-RAN 的结构和功能上,例如集中式控制、基带池的 RRU 接口定义,以及基于C-RAN 的更为紧凑的合作方式,如基站集群和虚拟社区等。全方位地构建一个针对 5G 技术的测试和评估平台可以为 5G 技术提供一个高效且客观的评价机制,这将有助于加快 5G 的研究和产业化进程。基于当前的认证体系要求,5G 测试评估平台将进行平稳地发展,这将有助于加快测试平台的标准化和产业化进程,从而使我国更好地融入未来的国际 5G 认证体系,并为 5G 技术的进步搭建一个飞跃的桥梁。

二、技术演进要点分析

(一)下行 MIMO 增强

多进多出(Multiple-Input Multiple-Output,MIMO)技术作为一种在提高频谱效率方面极为有效的技术,受到了广泛的关注。经过4G 和 5G Rel-15/Rel-16/Rel-17 的多次迭代,MIMO 在预编码、导频设计以及信道状态信息(CSI)反馈等多个领域都取得了显著的突破。目前,MIMO 能够支持高达 12 个数据流的同时传输,并且在 FR2 频段内,单个用户的传输速度可以达到10Gbit/s;通过采用低功率发射单元来提高信道容量也成为业内研究热点,但目前仍未获得实际商用部署。随着5G技术在各种行业环境中的广泛应用,为了满足更多用户终端(UE)的数据传输需求,MIMO技术需要进一步的发展和完善,尤其是预编码设计、解调参考信号(DMRS)/探测参考信号(SRS)设计及CSI反馈等关键领域。目前,基于线性预编码技术和高精度的DA/ADRF通道的MIMO系统存在一些问题,如MIMO流数远小于天线数、大规模MIMO天线的成本过高,不适合用于室内流量高的地区;在技术执行过程中,面临着反馈成本过高、信道在时域或频率上的选择性衰减,这些都可能导致MIMO性能的急速下滑。由于现有的线性预编码算法都是基于理想情况推导出来的,实际应用中往往不能达到最优效果,因此,在Rel-18MIMO系统的设计过程中,应当考虑融入非线性预编码方法,并与现有的线性预编码技术相结合,以进一步优化MIMO流量。为了满足室内大规模数据传输的要求,首先应当思考如何使用低成本的MIMO系统,例如减少AD/DA的采样准确性;其次应充分考虑不同通信环境下用户间干扰对系统传输容量的影响;最后应该整合频域、时域、功率域等多个维度的信息进行压缩,以减少预编码过程中的反馈成本,从而更好地适应更为复杂的应用场景。综上所述,这里提出的基于多天线传输的多径衰落信道下的高效多用户检测算法是未来无线通信领域的重要研究课题之一。为了确保MIMO信号能在基站和UE端顺利解调,DMRS和SRS的设计显得尤为关键;为了提高频谱利用率和减少通信延时,需要采用不同类型的辅助方案。

(二)上行传输增强

随着用户终端设备(user equipment, UE)从仅仅是内容的消费者逐渐转型成为内容的创作者,对于上行传输的速度和延迟等关键指标,人们提出了更为严格的标准;在未来移动通信系统中,由于频谱资源日益紧缺,为了实现高速无线接入和高带宽业务体验,需要将数据流量进一步压缩至有限频带内进行承载。目前的 5G 系统表现出上行和下行的传输容量存在明显的不均衡,因此,如何增强上行的传输效率以满足上行的高吞吐量需求变得尤为关键。技术的演进方向涵盖了四个主要方向,其中,上行预编码增强和上行覆盖增强可以提高上行链路资源利用率,从而大幅降低用户间干扰并改善网络整体性能。通过增加上行传输的天线数量,可以显著提高上行信道的传输品质,从而显著增加上行传输的容量,同时可以显着降低用户间干扰,从而大幅改善系统整体性能。此外,目前的基站架构主要集中于传统的基于固定波束形成算法的空时分组码通信网络上,而实际场景下往往存在大量非理想用户配对,使得该场景具有较强的复杂性和多样性。

(三)移动性增强

虽然现有的 5G 协议已经试图通过加入载波聚合(CA)、多无线接入技术双连接(MR-DC)和双活动协议栈(DAPS)等技术来降低 UE 在移动时服务小区的切换频率,但由于现有 UE 设备的局限性,它们不能同时支持两个或更多的辅小区(SCell)/辅小区组(SCG)的接入。针对上述关键技术进行研究,并设计相关算法对其可行性进行验证。在 UE 进行服务小区切换时,通过保持 L3RRC 连接(即不需要重新建立 RRC 连接),并在多频段和多连接的环境中依赖 L1/L2 切换策略,可以解决基于 L3 移动切换和 RRC 重新配置导致的数据传输中断等问题,从而在 Scells/SCG 系统中实现 0ms 的快速切换能力。仿真结果表明,所提方案可以有效地降低系统时延并提高系统性能。通过对网络侧和终端侧的 DAPS 与 CHO 功能进行进一步的整合,并修订了现有协议中 DAPS 和 CHO 不能在 UE 侧同时生效的条款,成功地满足了 UE 在移动时服务小区切换场景下的数据 0 毫秒中断需求。

(四)拓扑传输技术增强

为了更好地扩展 5G 技术的应用范围,Rel-16 引进了集成的 IAB 技术,也为运营商提供了一种灵活有效地利用频谱资源的方案。为满足不同业务需求,还需考虑采用多种无线传输方式来保证传输质量。通过引入能使 IAB 节点支持非授权频段以及 IAB 节点内部的本地分流技术,增强了 IAB 节点在更多垂直行业场景中的应用能力。在多天线系统中,智能放大器可用于增强小区边缘用户之间的干扰度。然而,在 TDD 系统里,由于存在下行-上行(DL-UL)射频切换的问题,确保能够正确地接收或发送信号变得相当困难。这就导致了在不影响用户业务正常通信质量前提下实现无线覆盖优化的困难。因此,有必要构建一种 TDDDL-UL 的配置策略,以协助智能放大器更准确地识别 DL-UL 的时间转换点。

(五)Sidelink 技术增强

在 Sidelink 的实际应用场景中,如车联万物(V2X)、XR 等业务同时对 eMBB 和 URLLC 的能力提出了需求。因此,在现有的 5G Sidelink 协议基础上,需要考虑新的组网方式和协议设计,以解决单一能力支持的问题。另外,对于不同业务类型间的交互,如车辆导航业务,自身特点导致其要面对较高的时延要求,因此在未来技术的演进过程中,需要深思如何提升 Sidelink 的传输带宽,这包括引入高频 FR2 和非授权频谱等技术,以确保满足高吞吐量和低延迟的业务传输需求。为了达成上述目标,有必要进一步加强现有的 Sidelink 技术,包括对 Sidelink 非授权频谱(SL-U)和中继增强(sidelink relay)等多个技术领域的强化。在 Sidelink 的非授权频谱方向上,需要重新定义信道访问机制[如先听后说(LBT)或信道占用时间(COT)]。同时,还需要针对不同的应用需求设计出相应的解决方案。

(六)RedCap 技术演进

为了更好地满足工业连接、安全防护和可穿戴等多个行业的需求,5G Rel-17 项目引入了 RedCap 技术。由于该芯片采用基于微控制器架构的嵌入式设计方法,因此它具有较低的开发成本及良好的可扩展性,并且可以与其他无线标准兼容。尽管 5G NRRedCap 已经成功地将系统的带宽减少到 20MHz 和 100MHz,并且 MCS 的最大支持能力达到 64QAM,但其传输速度仍然远远超出了大部分物联网设备的传输需求。由于采用传统的基于信道估计算法的方法进行无线链路设计时存在计算量巨大以及对硬件资源消耗较大的缺点,所以必须寻找新的有效方式来提高系统性能。为了更有效地减少成本,LTECat. 1/1bis 技术逐渐受到关注,已经成为市场上 IoT 设备数据传输的首选技术,其数据传输速度达到了 10Mbit/s 和 1Mbit/s。因此,探讨如何进一步降低 RedCap 的生产成本,同时确保其与 LTECat. 1/1bis 技术保持同步,已经变成了 5GRel-18 技术进步的中心议题。由于目前该领域内还没有一个统一而明确的标准来指导各方面的工作,导致许多相关研究人员对如何解决这个问题都存在着不同程度的困惑。

(七)定位能力扩展与增强

作为特定行业核心服务的一部分,定位技术已经通过蜂窝网络、GPS、北斗等,在垂直行业的多个领域获得了广泛应用。尤其是在 5G 研究领域,如何增强定位能力和提高精度始终是中心议题之一。在 Rel-16/Rel-17 两个版本的持续改进和进化后,5G 定位的端对端系统以及相关协议的设计已经圆满完成。但是,随着物联网设备对定位需求的不断增加,如何在确保 IoTUE 的低能耗的同时,提高定位的精度并减少定位的延迟,在当前的协议设计中面临着巨大的技术挑战。此外,由于基站位置信息具有一定程度的不可预测性,传统方法很难实现准确且快速的定位跟踪。因此,在 Rel-18 技术的演进过程中,为了满足低功耗和高精度的定位需求,从多个技术角度构建了一个创新传输机制或技术框架。在 Rel-16/Rel-17 的系统设计中,通信与定位带宽的关系得到了解耦。通过降低通信带宽,UE 的能源消耗得到了降低,同时 PRS 或 SRS 的带宽也得到了增加,这都有助于提高定位的精确度;UE 还提出了一种基于位置信息的动态休眠方法以避免因周期性唤醒而影响定位精度。此外,还可以运用新的自适应算法来解决以上两种方法所带来的性能损失和能耗浪费现象,并且给出了具体实现方案,从而提高了整体定位性能。

(八)AI/ML5G 技术

随着人工智能技术的发展,人们越来越关注系统性能的改善以及对未来通信业务需求的预测,因此研究智能无线网络具有重要意义。尽管采用了精确的数学模型,但由于无线环境的高度不确定性和多样性,通过穷举搜索和迭代启发式算法仍然无法找到最优解,而且成本很高。因此,学界提出一种新的神经网络方法——人工神经网络技术来研究无线网络中传输功率分配和资源分配的最优化问题。采用人工智能技术来构建神经网络,并结合相关领域知识进行分析。如果能够将 AI/ML 技术融入 AI 的辅助定位、上行和卜行信道的估计、CSI 的精确反馈以及波束管理等物理层的设计中,那么它同样适用于跨层的联合优化调度、网络节能等高级协议或算法的构建。还可作为未来物联网发展方向之一——智能感知网技术的关键技术基础。目前已有部分研究成果被发表在相关期刊上。然而,在设计基于 AI/ML 无线通信系统时,还需要开发一个基于 AI/ML 的链路级和系统级仿真策略,这将能够更为客观和公正地评估 AL/ML 与传统技术的性能差异。另外,为了提高通信质量,需要通过引入新的算法来降低无线信道中噪声对传输效率的影响。下一步,鉴于 UE 端计算能力的局限性,需要深入思考如何有效地整合网络侧的 MEC 计算资源,以便在不增加 UE 功耗和成本的情况下,实现无线通信侧的 AI/ML 系统性能的最优化。

三、行业技术发展趋势

(一)基于 SLA 的行业组网优化技术

为了确保在垂直行业环境中,各种业务或设备都能通过 5G 网络获得服务,需要对传统的单一组网方式进行调整,确保用户在 5G 网络中的移动始终维持一个稳定的 SLA 性能。因此，垂直行业应用提出了一种新型的组网方案和解决方案。网络构建方案需要从传统的依赖于 RSRP 或参考信号接收质量的模式，转向基于 SLA 的新模式，同时还要结合运营商实际情况来设计相应的基站部署方式和天线配置方案。接下来，还需思考其他网络模式的整合方式，为特定的垂直行业场景构建信道散射模型，该模型将包含大尺度和小尺度的信息。这样做是为了解决传统组网优化模型中由于使用自由信道传播模型而导致的仿真评估与现场实施之间存在较大差异的问题。在此背景下，提出了一种新的适用于大规模异构网络环境下的信道分布估计算法。以地图为基础的射线追踪模型在实施时具有极高的复杂性，并且不满足现场网络分析的需求。在此基础之上，由于缺乏高效且可复用的通用算法，难以建立大规模网络下实时有效的信道散射模型。

（二）全连接行业接入网络融合技术

为了最大限度地利用现有的 4G、5G、Wi-Fi 等通信协议，并实现行业现场网络的全连接能力，基于超宽频天线的全连接无线专网技术和基于 IP 层的全连接多网融合管理技术应运而生。

借助 RF 射频天线在 700M—6GHz 的超宽带支持范围内，可以通过频分复用（FDM）技术来传输各种不同的射频信号制式。针对该应用场景，提出了一种基于频率选择性衰落信道模型的多模式无线频谱共享方案，可有效提升系统性能及资源利用率；另外，为了应对不同制式发射功率谱密度的差异导致的不同覆盖范围，需要对各种制式的发射功率谱实施细致的管理策略；此外，还需要针对不同制式间切换过程中所带来的时延抖动问题进行研究分析，保障业务服务质量。

通过应用多网络融合管理技术，能够为不同的院内/院外/院间等多平面专用网络提供统一的接入管理、泛在网络能力的开放管理以及可组织的分权分域管理等多方面的能力，为运营商提供了一个面向行业应用和用户端的解决方案。同时，利用其基于多路径 TCP（multipathTCP MP-TCP）的多链路传输能力，业务数据能够通过多种不同的接入网络传送到终端设备。在这种模式下,运营商不再局限于单一网络中的一个或几个设备进行数据传输,而是采用多种方式来实现对整个网络的控制和管理,进而保证了整个网络的可靠运行。这种方法有效地解决了单一制式可能导致的覆盖盲区和部分区域数据传输速度不达标的问题,从而确保了业务端到端 SLA 性能的稳定性。同时,也为运营商提供了一种灵活多变的组网方式,以适应市场环境的变化,在一定程度上提高了运营效率,降低了建设成本。

(三)高带外 OOB 抑制技术

在垂直行业中,5G 的应用场景可以根据其对电磁干扰的不同需求,被分类为通用场景和电磁敏感场景。通用场景主要针对通信基站的建设,而电磁敏感场景则需要考虑到不同领域之间可能存在的干扰问题。

以医疗环境为背景,所谓的"通用场景"是指那些对电磁干扰没有特定需求的场合,如医院的门诊大厅、常规病房或医院的后勤管理部门等;电磁敏感场景,即针对电磁干扰有特殊需求的场景,如核医学检查过程中因辐射而引起的放射性污染问题。电磁敏感性场景是指那些对电磁干扰有严格要求的场合。在医院的常规处理中,通常会使用铅墙来抵御电磁干扰和辐射,如手术室、重症监护室、核磁共振和高精度病理扫描等场景。因此,鉴于目前的方案在医疗行业中所遭遇的一系列挑战,有必要在终端设备和网络环境两个层面上进一步提高对外部干扰的控制能力。例如,目前有一种面向不同类型医疗业务场景的高效低噪宽带无线接入解决方案,该方案通过优化传输参数来降低带外干扰对无线网络性能带来的影响。在制定具体的执行策略时,可以考虑采纳超低发射功率等级、主动消除带外干扰、定向带外干扰抑制和高带外抑制频谱模板等多个技术方向,以更好地满足通用医疗业务场景与电磁敏感性医疗业务场景的通信需求,同时满足与医疗设备的共存要求,从而推动 5G 技术在全医疗场景中的广泛应用。

（四）上行 MBS 多缓存调度技术

在当前的 5G 标准协议所定义的基于 BSR 的上行 PUSCH 调度传输机制基础上，引入了多缓存调度（MBS）技术，这使得基站能够识别 CPE 后端所连接的网络或业务类型，进而通过 CPE 满足差异化业务需求，并确保端到端的 SLA 保障。

CPE 向基站报告了与其连接的多个后端网络或业务的上行数据缓存状态和传输能力需求，如传输速率、延迟和丢包率等，这有助于基站根据 CPE 连接网络的实际能力迅速制定调度策略。通过对基于云平台架构下的多终端协同通信系统进行研究分析，可以设计出一种能够在异构无线网络之间无缝切换和优化用户体验效果的方法，该方法已应用于实际工程当中。在医疗全连接多网融合管理技术的架构设计中，CPE 负责承载 IoT 网络、Wi-Fi 网络和有线网络的数据，并将这些数据转化为 5G 信号以接入 5G 网络。在 MBS 多缓存调度策略的实施过程中，首先，在 CPE 侧定义了多个缓存，分别与 IoT 网络、Wi-Fi 网络和有线传输网络相对应。其次，在现有的 BSR 机制中，BufferA—BufferC 被上报给基站。基站根据收集到的 Buffer 信息和接入网络的性能需求进行 PUSH 网络的资源调度，并提出 CPE 侧 BufferA—BufferC 的合成策略。最后，这些策略在下行 DCI 信令中被传递给 CPE，同时还提出一种新的基于链路预测和信道状态估计的混合算法来提高系统吞吐量。CPE 根据 Buffer 的合成策略进行数据的整合，并在特定的频谱资源中完成数据的传送。

（五）算力网络技术

随着行业的数字化转型，个人和整个行业对信息网络的需求已经从以网络为中心的信息交流逐步转向以算力为中心的信息数据处理或业务服务。网络作为用户、数据和算力之间的连接桥梁，需要与算力进行深度整合，形成一种算网一体的新型基础设施，以消除传统网络和算力相互独立导致的以业务为服务核心的 E2EQoS 无法保障的问题。

鉴于社会对各种业务的广泛需求,算力网络不仅要提供算力和网络服务,还需整合各种技术元素,为用户带来综合的、多方面的服务体验。以深度学习算法与应用为主线,研究面向智能计算的高性能计算能力网络构建及相关关键技术,并对其未来发展进行展望。考虑到当前的技术进步方向,算力网络成功地整合了"ABCDNETS"的八大核心组成部分:人工智能(artificial intelligence,AI)、区块链(blockchain)、云(cloud)、大数据(big data)、网络(network)、边(edge computing)、端(internet of things)和安全(security)。基于这些要素构建起一个面向智能时代的高性能计算系统是研究的主要内容之一。云、边、端被视为核心的生产力,它们共同形成了一个多层次、立体的泛在算力结构;网络作为用户、数据和算力之间的纽带,与算力深度结合后,形成了算力网络的创新基础架构;大数据与人工智能对社会的数智化进程起到了决定性的作用,为了满足各种社会需求,算力网络需要将大数据与人工智能相结合,打造出一个统一、灵活且高效的算网资源供应系统;区块链则为计算提供了一个全新的平台,成为支撑计算能力发展的新引擎,作为可信交易的关键技术,区块链是研究基于信息和价值交换的数字信息服务的核心,也是实现算力可信交易的关键基础;安全构成了确保算力网络稳定运行的基础,因此有必要将"网络＋安全"的综合防护观念整合到算力网络架构中,以形成一套内在的安全防护机制。

第三节 6G 技术发展方向

一、6G 的网络特征

一是超高速率和超低时延。6G 网络将提供比现有技术高得多的数据速率和低得多的时延,以满足各种应用的需求,如高清视频传输、大规模物联网、远程医疗等。

二是高度智能化。6G 网络将更加智能化,具备更强的自学习能力和自适应能力。网络将根据用户需求和环境变化动态优化性能,实现智能管理和控制。

三是分布式网络架构。6G 网络将采用分布式网络架构,使智能应用程序嵌入整个网络,实现智能管理和控制。这种架构可以提高网络的灵活性和可扩展性。

四是安全性增强。6G 网络将更加注重网络安全,采用内置的安全机制来保护用户的隐私和数据安全。同时,网络将具备更强的自防御能力,以应对网络攻击和恶意行为。

五是数字孪生和虚拟化。6G 网络将结合数字孪生技术,为物理世界创建精确的虚拟模型,以进行预测、模拟和优化。此外,网络将更加虚拟化,利用软件定义网络(SDN)和网络功能虚拟化(NFV)等技术实现网络资源的动态管理和优化。

六是灵活性提升。6G 网络将更加灵活,能够根据不同的应用场景和需求进行快速调整和重构。这种灵活性将有助于支持各种新型应用和服务,满足不断变化的市场需求。

七是能量效率提高。6G 网络将采取节能措施,如智能能源管理和绿色通信技术,以降低能耗、提高能源利用效率。这将有助于减少网络运营的碳排放,促进可持续发展。

二、6G 技术潜在发展方向

(一)轨道角动量技术

轨道角动量(orbital angular momentum,OAM)是区别于电场强度的电磁波固有物理量,也是电磁波用于无线传输的新维度,分量子态和统计态波束两种应用形式。该新维度可以用来传输数据或作为新自由度调控波束,增加传输容量和提高传输性能。具有轨道角动量的电磁波又叫涡旋电磁波。

目前国际上 OAM 量子态的研究主要围绕 OAM 传感器展开,已经完成部分关键性实验,国内优势单位紧跟国际前沿,也正在完成相应实验工作。在 OAM 统计态波束技术上日本公司 NTT 已经实现了28GHz、100Gbps、100m 传输。国内则有很多特色研究涌现,比如清华大学完成过 10GHz、172km 机载链路实验,浙江大学和华中科技大学等单位亦均完成过短距离(10m 以内)大容量传输实验。应该说,我国电磁波轨道角动量研究不仅在国际上属于第一梯队,而且具有特色方向。

OAM 对于无线传输来说,最大的优势就是新维度作用,既可以增加传输容量,又可以在调控波束时降低复杂度。

OAM 统计态波束因为可以采用传统天线收发,所以相对于采用OAM 传感器的 OAM 量子态成熟许多。以后也会采取先开发 OAM统计态后开发 OAM 量子态的顺序。目前 OAM 统计态波束主要面临波束发散问题,需要采用升高频段到 E 波段或 D 波段,或者采用某种波束汇聚方法等,解决波束发散造成传输距离短的问题;OAM 量子态则主要需要突破 OAM 传感器技术上的瓶颈,虽然理论上的正确已有定论,但还需要经历一个不断实验和优化设计的过程。

(二)太赫兹通信技术

太赫兹频段(0.1T—10THz)处于宏观电子学和微观光子学的过渡区域,频谱资源十分丰富,是目前尚未全面开发应用的唯一频谱"空隙"。太赫兹通信具有传输速率高、保密性强等优点,在未来 6G 移动通信、空间大容量信息网络等方面都具有重要的应用前景和巨大的市场空间。

全球的科技强国都在积极推进太赫兹技术的发展。美国把太赫兹技术列为"未来十大科技变革之一",而日本则认为太赫兹技术是未来十年科技战略规划中的十大关键科技领域之一。近年来,各国纷纷制定和实施了一系列国家战略,以推动本国太赫兹产业的快速发展。美国、日本、德国、法国和英国等国家都在积极推动太赫兹通信技术的进步和发展。

太赫兹通信拥有丰富的频谱资源,可以支持超过 100Gbps 的信息传输速度;太赫兹频段具有良好的抗电磁干扰能力;鉴于太赫兹波的波长相对较短,以及太赫兹射频器件和天线的尺寸较小,这为通信设备的小型化提供了便利;太赫兹信号在大气中传播时具有良好的稳定性。一方面,太赫兹的波束具有很强的指向性,有利于实现高保密的信息传输。另一方面,在太赫兹通信中,波束的高度指向性导致了移动接入和覆盖的困难增加。在实际应用中,由于传输距离有限,需要采用多天线技术以获得较大的频谱效率。因此,太赫兹通信与微波和毫米波通信之间并不存在直接的替代关系。

太赫兹通信的关键技术包括太赫兹通信信道模型、太赫兹射频收发芯片和器件、太赫兹高增益与波束捷变天线、超高速信号处理与数字电路等。这些关键技术都已取得重要进展,但是要满足未来 6G 移动通信的要求,还需持续进行技术攻关,提升应用能力。

太赫兹通信技术可能应用于未来 6G 的增强型移动宽带,提供 100Gbps 以上的峰值数据。此外,还可能应用于超高速无线回传、超高速无线数据中心、微纳尺度的物联网、通信探测一体化终端,以及天地一体化信息网络等。

(三)超大规模天线技术

大规模天线技术的概念在 2010 年左右被提出,经过十几年的发展,已经成功地完成了在 5G 中的标准化工作。随着 5G 的大规模部署,大规模天线技术也开户了真正的商用之旅。目前大规模天线阵列的形式主要是二维平面阵列,最多到 256 个天线单元(考虑到尺寸、重量等限制,低于 6GHz 频谱的天线阵列难以做到更大)。那么,从一个维度来看,天线单元的数目在 8－16 个之间,这与大型天线的数量是相当接近的。尽管如此,与 4G 相比,5G 的大型天线阵列已经显著提高了 5G 的频谱效率。大型天线技术在性能上仍存在进一步优化的潜力。一个常见的趋势是,与当前主流的天线阵列相比,天线阵列的规模在持续扩大,这不仅引发了众多问题,还带来了新的发展机遇。

　　超大规模天线可以认为是大规模天线技术的进一步演进升级,具有更高的频谱效率、更高的能量效率、更多的创新应用场景等。超大规模天线不仅仅是天线规模的增加,同时也涉及创新的天线阵列实现方式、创新的部署形式、创新的应用等。

　　超大规模天线技术的研究还处在概念探索阶段,也尚未形成学界普通认可的定义。如果将超大规模天线技术狭义地理解为就是天线规模扩大的话,从公开的文献中可以看到一些分布式天线阵列的设计和无小区构建的想法,但也不成熟。广义地理解超大规模天线,则还包括大型智能表面技术、精准定位技术、太赫兹频段的波束管理技术以及与机器学习技术的结合等,这些方面研究成果也比较多。

(四)新型调制编码

　　3G 中,语音等低速率业务用的是卷积码,高速率数据业务用的是Turbo 码,控制信道使用的是线性分组码,调制采用的是 QPSK 和16QAM 调制技术;4G 中,数据信道的编码都是 Turbo 码,控制信道采用的是 TBCC 码,调制则采用了 16QAM、64QAM 和 256QAM 等高阶调制技术;5G 中,业务信道使用了 LDPC 码,控制信道采用了Polar 码,调制除了采用 16QAM、64QAM 和 256QAM 等高阶调制技术外,也引入了 pi/2-BPSK 等低阶调制技术用于提升上行链路的可靠性。

　　对于 6G 可能采用的调制编码,目前有两种观点:第一种观点认为应该在 5G 现有调制编码技术上做进一步的优化,强调的是继承和演进;第二种观点认为应该有不同于 5G 的新的调制编码技术出现,甚至会有一些革命性的变革,强调的是创新和革命。目前 6G 标准正处于调研阶段,具体会采用哪一种观点,还没有达成共识。另外,由于业务的多样性,用统一的调制编码技术应对不同的业务,难度较大,但更容易实现产业化,5G 就是对 eMBB 和 uRLLC 这两类不同的应用场景采用了同样的调制编码方案,6G 也许会尝试对不同场景采用不同的调制编码方案,以复杂度的提升来换取更好的性能。

　　调制编码是通信中最底层的技术之一,追求的目标一直都是在满足可靠性要求的基础上实现尽可能高的频谱效率,新型调制编码技术,也是沿着这个方向在发展。比如,面向未来 6G 更加泛在的网络、更加多样化的应用场景,如何在带宽资源受限的前提下提升用户的体验速率,如何在超低时延的情况下满足用户的可靠性要求,如何提升小数据包业务传输的有效性等,都对编码调制技术提出了新的挑战。

无线新型调制编码包括经典调制方式的变种,如二元 LDPC、Polar 码和 Turbo 码的改进,多元和多用户 LDPC,网格码,喷泉码,FTN,重叠复用等非正交传输技术,以及基于 AI 的信道编解码等。

面向 6G,新型调制编码技术的主要难题是当前的性能已经逼近理论上限,而解决的关键是突破理论限制,特别是在非正交传输技术方面。此外,AI 作为一种优化方法,用于编解码已经取得了不俗的成果,基于 AI 的调制编码技术也是一个突破方向。

三、6G 关键技术

(一)内生智能的新型网络

在不远的将来,人工智能技术预计将在未来的移动通信系统中诞生,并通过无线架构、无线数据、无线算法及无线应用等多个方面展示出全新的智能网络技术架构。从宏观角度来看,无线 AI 在 6G 时代的发展趋势可以从两个不同的视角来理解:一是内生智能的新型空口,二是内生智能的新型网络架构。

1.内生智能的新型空口

内生智能的新型空口通过深度整合人工智能和机器学习的先进技术,可以突破传统的无线空口模块化设计模式,深入挖掘和利用无线环境、资源、干扰、业务和用户等多个维度的特性,从而显著提高无线网络的效率、稳定性、实时响应和安全性,并实现网络的自主运行和自我演进。新型的内生智能空口技术能够通过端到端的学习来提高数据平面和控制信令的连通性、效率和可靠性。它允许根据特定场景进行深度感知和预测的定制,而且空口技术的组成模块可以灵活拼接,以满足各种应用场景的不同需求。AI技术的学习、预测和决策能力使通信系统能够根据流量和用户行为主动调整无线传输格式和通信动作,可以优化并降低通信收发两端的功耗。通过运用多智能体和其他AI技术,通信参与者能够实现高效的协作,从而极大地提高比特传输的能效。在对无线网络进行优化时,需要考虑网络模型以及节点能量受限的问题。通过利用数据和深度神经网络的黑盒建模功能,可以从无线数据中提取并重建未知的物理信道,进而确定最佳的传输策略。此外,随着机器学习以及信息论的交叉融合和进一步发展,语义通信也将成为内生智能的新型空口技术的终极目标之一。通信系统不再只关注比特数据的传输,更重要的是,信息可以根据其含义进行交换,而同一信息对不同的用户、应用和场景的含义可能有所不同。无线数据的高效感知获取、数据私密性的保障是人工智能赋能空口设计的关键难点。

2.内生智能的新型网络架构

内生智能的新型网络架构是指充分利用网络节点的通信、计算和感知能力,通过分布式学习、群智式协同以及云边端一体化算法部署,使得6G网络原生支持各类AI应用,构建新的生态和以用户为中心的业务体验。智能从应用和云端走向网络,即从传统的Cloud AI向Nctwork AI转变,实现网络的自运维、自检测和自修复;智能在"云—边—端—网"间协同实现包括频谱、计算、存储等多维资源的智能适配,提升网络总体效能;智能在网络中对外提供服务,深入融合行业智慧,创造新的市场价值。当前,网络内生智能在物联网、移动边缘计算、分布式计算、分布式控制等领域具有明确需求并成为研究热点。

网络内生智能的实现需要体积更小、算力更强的芯片,如纳米光子芯片等技术的发展;需要更适用于网络协同场景下的联邦学习等算法;需要网络和终端设备提供新的接口实现各层智能的产生和交换。

(二)增强型无线空口技术

在调制编码技术的应用中,有必要构建一个统一的编译码框架,同时也要考虑到多种通信场景的需求。例如,极化(Polar)码在非常宽的码长/码率取值区间内都具有均衡且优异的性能,通过简洁统一的码构造描述和编译码实现,可获得稳定可靠的性能。极化码和准循环低密度奇偶校验(LDPC)码在译码效率和并行性方面都表现出色,非常适用于高吞吐量业务的需求。在新型波形技术的应用中,为了适应 6G 日益复杂和多变的使用环境以及性能要求,需要采纳多种波形设计方案。针对现有的基于时频分布和频域特征的频谱感知算法无法适用于复杂环境下的问题,有研究提出了一种融合时域与空域特性的新型波形设计方法。例如,对于高速移动场景,可以采用能够更加精确刻画时延、多普勒等维度信息的变换域波形;对于高吞吐量场景,可以采用超奈奎斯特采样(FIN)、高谱效频分复用(SEFFM)和重叠 X域复用(OVXDM)等超奈奎斯特系统来实现更高的频谱效率。考虑到未来 6G 网络在高密度环境下对低成本、高可靠性和低延迟接入的需求,非正交多址接入技术将逐渐成为研究焦点,并计划在信号结构和接入流程等多个方面进行进一步的优化和改进。通过优化信号结构、提升系统最大可承载用户数、降低接入开销,可满足 6G 密集场景下低成本高质量的接入需求;通过接入流程的增强,可满足 6G 全业务场景、全类型终端的接入需求。

(三)带内全双工技术

带内全双工技术能够在相同的载波频率上同时发射和接收电磁波信号。这种技术不仅可以显著提高系统的频谱效率,还能更加灵活地配置传输资源。全双工技术的核心是自干扰抑制,从技术产业成熟度来看,小功率、小规模天线单站全双工已经具备实用化的基础,中继和回传场景的全双工设备已有部分应用,但大规模天线基站全双工组网中的站间干扰抑制、大规模天线自干扰抑制技术还有待突破。在部件器件方面,小型化高隔离度收发天线的突破将会显著提升自干扰抑制能力,射频域自干扰抑制需要的大范围可调时延芯片的实现会促进大功率自干扰抑制的研究。在信号处理方面,大规模天线功放非线性分量的抑制是目前数字域干扰消除技术的难点,信道环境快速变化情况下射频域自干扰抵消的收敛时间和鲁棒性也会影响整个链路的性能。

(四)新物理维度无线传输

除了传统的增强无线空口技术之外,行业内也在积极寻找新的物理维度,以实现信息传输方式的革命性突破,如智能超表面技术、轨道角动量技术和智能全息无线电技术等。

智能超表面技术(RIS)使用了可编程的新型亚波长二维超材料,并通过数字编码技术对电磁波进行了主动的智能调整,从而产生了幅度、相位、极化和频率都可以控制的电磁场。智能超表面技术通过主动控制无线传播环境,在三维空间中实现信号传播方向的调控、信号的增强或干扰的抑制,构建了智能可编程无线环境的新范式,适用于高频覆盖增强、克服局部空洞、提高小区边缘用户的速率、绿色通信、辅助电磁环境感知和高精度定位等场景。智能超表面技术用于通信系统中的覆盖增强,可显著提升网络传输速率、信号覆盖以及能量效率。通过对无线传播环境的主动定制,可根据所需无线功能,如减小电磁污染和辅助定位感知等,对无线信号进行灵活调控。智能超表面技术无需传统结构发射机中的滤波器、混频器及功率放大器组成的射频链路,可降低硬件的复杂度、成本和能耗。智能超表面技术所面临的挑战和难点主要包括超表面材料物理模型与设计、信道建模、信道状态信息获取、波束赋型设计、被动信息传输和AI使能设计等。

(五)智能全息无线电

智能全息无线电(intelligent holographic radio,IHR)是利用电磁波的全息干涉原理实现电磁空间的动态重构和实时精密调控,将实现从射频全息到光学全息的映射,利用射频空间谱全息技术和全息空间波场合成方法,可以达到超高的分辨率空间复用,从而满足超高的频谱效率、流量密度和存储容量的需求。智能全息无线电是超分辨率频谱复用的有效方法之一。智能全息无线电拥有极高的空间复用分辨率，其主要应用场景涵盖超高容量和超低时延无线接入、智能工厂环境下的超高流量密度无线工业总线、海量物联网设备的高精度定位和精准无线供电，以及数据传输等多个方面。目前已开展了多种典型应用试验，验证其性能并初步形成产品方案，但仍存在带宽瓶颈问题。智能全息无线电融合了成像、感知和无线通信技术，能够准确感知复杂的电磁环境，为未来电磁空间的智能化提供支撑。这种无线电基于微波光子天线阵列的相干光上变频技术，能够实现信号的超高相干性和高并行性，从而方便信号在光域内进行直接处理和计算，有效地突破了智能全息无线电系统在功耗和时延方面的局限性。智能全息无线电是一种新兴技术，目前仍处于实验室阶段，但其潜在应用领域已被广泛关注。在射频全息成像和感知等多个领域，智能全息无线电已经进行了一定水平的科学研究，但在无线通信领域的应用仍面临许多挑战和难点，主要包括智能全息无线电通信理论和模型的建立；基于微波光子技术的连续孔径有源天线阵与高性能光计算之间的高效协同、透明融合和无缝集成等硬件及物理层设计相关等问题。

（六）太赫兹通信技术

太赫兹频段（0.1T—10THz）位于微波和光波的中间，拥有非常丰富的频谱资源。它具备高传输速度、强大的抗干扰能力，并且便于实现通信和探测的一体化，特别是能够满足 Tbps 级别的大容量和超高传输速率的系统需求。近年来，太赫兹技术得到了快速发展并已成为无线通信领域新的研究热点之一。太赫兹通信技术可以被视为对现有空口传输方法的有效补充，并预计将在全息通信、微型通信（如片间通信和纳米通信）、超大数据传输容量以及短距离超高速传输等多个潜在应用场景中得到广泛应用。目前，国内外已开展了大量基于太赫兹技术的无线通信研究工作。同时，利用太赫兹通信信号来实现高精度的定位和高分辨率的感知也成为了一个重要的应用方向。因此，研究开发适合于各种应用环境的太赫兹无线通信技术对于推动整个太赫兹领域发展有着重大意义。

太赫兹通信技术面临的核心挑战主要集中在以下几个关键领域：一是收发架构设计方面的挑战。目前,太赫兹通信系统存在三种主要的收发架构,分别是基于全固态混频调制的太赫兹系统、基于直接调制的太赫兹系统和基于光电结合的太赫兹系统。其中,小型化、低成本、高效率的太赫兹收发架构是一个急需解决的技术难题。二是射频器件方面的挑战。太赫兹通信系统中的主要射频器件包括太赫兹变频电路、太赫兹混频器、太赫兹倍频器和太赫兹放大器等,当前太赫兹器件的工作频点和输出功率仍然难以满足低功耗、高效率、长寿命等商用需求,需要探索基于锗化硅、磷化铟等新型半导体材料的射频器件。三是太赫兹天线方面的挑战。目前高增益天线主要采用大尺寸的反射面天线,需要突破小型化和阵列化的太赫兹超大规模天线技术。此外,为了实现信道表征和度量,还需要针对太赫兹通信不同场景进行信道测量与建模,建立精确实用化的信道模型。

(七)可见光通信技术

可见光通信是一种利用 400T—800THz 的超宽频段进行高速传输的技术,它具备不需要授权、高度保密、环保以及不产生电磁辐射的优点。由于其自身特性及技术优势,可见光通信在军事领域中得到了广泛应用。可见光通信技术非常适用于室内环境,可以作为室内网络覆盖的有力补充。除此之外,它还可以应用于水下通信、空间通信等特殊场合,以及医院、加油站、地下矿场等电磁敏感场景。当前大部分无线通信中的调制编码方式、复用方式、信号处理技术等都可应用于可见光通信来提升系统性能,可见光通信的主要难点在于研发高带宽的 LED 器件和材料,虽然可见光频段有极其丰富的频谱资源,但受限于光电、电光器件的响应性能,实际可用的带宽很小,如何提高发射、接收器件的响应频率和带宽是实现高速可见光通信必须解决的难题。此外,上行链路也是可见光通信面临的重要挑战,通过与其他通信方式的异构融合组网是解决可见光通信上行链路的一种方案。

（八）通信感知一体化技术

通信感知的整合被视为 6G 关键技术研究的焦点之一，其核心设计思想是确保无线通信与无线感知这两个独立功能在同一系统内得以实现，并实现双方的共赢。本书从这一思路出发，提出了一种基于多天线技术的分布式融合感知架构。从一方面看，通信系统有能力使用相同的频率，甚至可以复用不同的硬件或信号处理单元来提供各种不同的感知服务。从另一方面看，感知的结果可以作为通信接入或管理的辅助工具，从而提升服务的品质和通信的效率。

在未来通信系统中，更高的频段（毫米波、太赫兹甚至可见光）、更宽的频带带宽，以及更大的天线孔径将成为可能，这些将为在通信系统中集成无线感知能力提供可能，通过对散射和反射后的通信信号进行收集和分析，可以获取环境物体的基本属性，如形态、材料、距离和移动性等，并利用传统算法或 AI 技术来实现物体的定位和成像等多种功能。

虽然天线等系统部件可以实现共用，但由于通信和感知的目的不同，在通信与感知的一体化设计中，仍然面临众多的技术难题，这主要涉及到通感一体化信号的波形设计、信号和数据的处理算法、定位与感知的联合设计，以及感知辅助通信技术等方面。此外，可集成的便携式通感一体终端设计也是一个重要方向。

（九）分布式自治网络架构

6G 网络预计将拥有庞大的规模，能够提供卓越的网络体验，并支持多种场景的接入，从而构建一个面向全场景的泛在网络环境。由于技术成熟度不一、业务种类繁多等原因，目前还没有一套成熟的组网方案。因此，有必要进行包括接入网络和核心网络在内的 6G 网络架构的深入研究。在接入网的设计中，应当考虑到简化处理延迟的架构和灵活的按需处理能力，进一步研究需求驱动的智能控制策略和无线资源的管理，并采纳软件化和服务化的设计思路。在核心网络中，需要探索分布式、去中心化和自治化的网络策略,以确保组网的灵活性和普适性。

分布式自治的网络架构涉及多方面的关键技术:去中心化和以用户为中心的控制和管理;深度边缘节点及组网技术;需求驱动的轻量化接入网架构设计、智能化控制机制及无线资源管理;网络运营与业务运营解耦;网络、计算和存储等网络资源的动态共享和部署;支持任务为中心的智能连接,具备自生长、自演进能力的智能内生架构;支持具有隐私保护、可靠、高吞吐量区块链的架构设计;可信的数据治理等。

网络的自主性和自动化水平的增强将依赖于创新的技术观念,例如数字孪生技术在网络环境中的运用。传统的网络优化和创新往往需要在真实的网络上直接尝试,耗时长、影响大。基于数字孪生的理念,网络将进一步向着更全面的可视、更精细的仿真和预测、更智能的控制发展。数字孪生网络(DTN)是一个具有物理网络实体及虚拟孪生体,且二者可进行实时交互映射的网络系统。孪生网络通过闭环的仿真和优化来实现对物理网络的映射和管控。这其中,网络数据的有效利用、网络的高效建模等是当前急须攻克的问题。

网络架构的变革牵一发而动全身,需要在考虑新技术元素如何引入的同时,考虑与现有网络的共存共生问题。

第五章 浙江省网络通信(含5G)技术发展方向和路径

第一节 网络通信(含5G)技术发展重点方向选择

网络通信(含5G)技术是"互联网＋"科创高地重大创新领域体系的重要组成部分,是实现"基本建成具有全球影响力的科创高地和创新策源地,加快形成世界重要人才中心和创新高地的战略支点"的关键。浙江要重点发展云计算与未来网络,在网络通信、物联网、工业互联网等重点方向打造国内领先和国际先进的竞争优势,具体发展路线如图5-1所示。

网络通信(含5G)是最重要的新型基础设施,是数字经济的重要底层技术基座,包括数据的智能感知、处理与高效传输,高质量、高速率通信,数据云端存储与高效处理,以及在工业等领域的广泛应用。以美国为首的西方发达国家是该领域的引领者,我国在该领域整体上处于国际并跑,个别领域处于国际领跑水平。浙江省在该领域处于国内领先,在重大平台、人才团队和领军企业等方面均具有良好基础。

浙江省网络通信(含5G)战略框架体系如图5-2所示,包含数据智能感知与处理、高质量通信、先进计算与平台及创新应用四个层次,分别对应智能感知探测技术、5.5G/6G 技术、云计算技术与平台和工业互联网四个方向。智能感知探测技术、5.5G/6G 技术、云计算技术与平台是底层支撑技术,工业互联网是典型应用,同时它们也是大数据、人工智能等各类应用的核心技术底座。

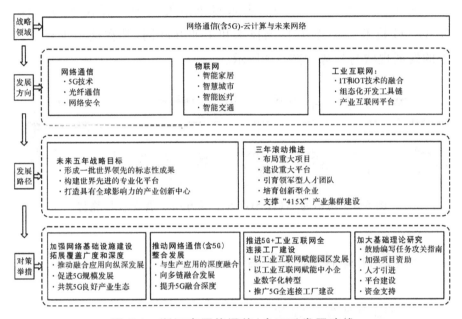

图 5-1 浙江省网络通信(含 5G)发展路线

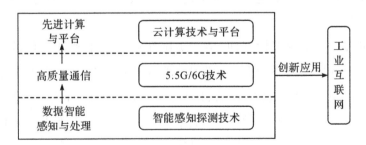

图 5-2 云计算与未来网络领域重点方向框架体系

第二节　网络通信(含5G)各重点方向发展现状和趋势

浙江省网络通信(含5G)未来将重点发展云计算技术与平台、5.5G/6G技术、智能感知探测技术和工业互联网,其在这个重点方向上的发展现状与趋势如图5-3所示。

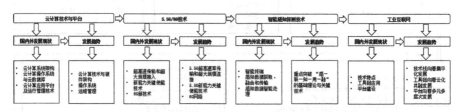

图 5-3　网络通信(含5G)各重点方向发展现状与趋势

一、云计算技术与平台

(一)国内外发展现状

云计算相关技术包括系统架构、系统软件(操作系统与数据库)及应用平台三方面。

在云计算系统架构方面,由于美国在信息技术硬件领域的领先优势,美国公司在云计算相关的芯片、高端服务器领域处于世界领先地位,美国的亚马逊、微软、谷歌、IBM、SalesForce、RackSpace、VMware等公司在云数据中心计算、存储、网络基础设施硬件及体系架构技术方面,均具有核心技术优势。国内华为、曙光、新华三家公司在云计算硬件暨国产化服务器、云数据中心智能路由器、智能交换机方面,处于国际并跑水平。

在云计算操作系统与云数据库方面,国外公司积累了大量原创性软件技术,开发维护着大多数商业软件及开源平台,垄断了操作系统、数据库、编译器等云计算核心系统软件。国内的华为欧拉操作系统、阿里云"飞天"云操作系统、达梦数据库、PolarDB 数据库已具有一定商用规模,但在底层核心算法与支持库方面,仍依赖国外核心模块或开源技术,在国际上处于跟跑水平。

在云计算应用平台及运行管理技术方面,国外亚马逊、微软、谷歌等公司的云平台由于搭建时间早、数据中心规模大、技术演进快、用户范围广等,在云平台运行管理方面具有丰富的技术积累。国内阿里云、华为云、百度云、腾讯云、京东云、天翼云等公司,在行业云平台、云计算用户服务平台与典型应用、大规模云计算平台运行管理与性能优化技术方面也有重要技术基础,尤其是在行业云计算数据中心规模、用户基础、服务规模方面,已超过国外同类型厂商,处于国际领跑水平,如电子商务云平台、政企云平台等。

(二)发展趋势

未来云计算技术在硬件架构、操作系统、运维管理三个方面呈现以下趋势。

在新型云计算硬件与架构技术方面,云计算技术进一步与人工智能、边缘计算等技术融合发展,对新型云计算系统硬件与架构技术、智能路由器、人工智能交换机、云操作系统与云原生数据库等系统软件技术、行业云平台、大规模高可用云计算系统及其性能优化技术提出新的挑战和要求。云数据中心将同高性能计算、算力网络进一步融合,CPU、GPU、FPGA、ASIC 等混合异构计算架构成为未来云数据中心算力的主要组成形式。因此,必须研发新型云计算硬件与架构技术,以满足未来云计算应用的多样性需求。

在云操作系统与云原生数据库方面,随着海量物联设备的部署和联网,万物互联的世界需要更多更大规模的云数据中心和海量的边缘计算服务器,以完成智能感知、数据存储和高速计算。因此,需要研发能够管理海量设备、支持多种接入与互联协议的云操作系统与云原生数据库。

在行业云平台与大规模云计算系统运行管理与性能优化方面,高速低延迟网络、高效智能路由交换算法将实现跨云数据中心的计算、分析、处理和任务调度。基于人工智能的故障诊断技术、负载感知的自适应弹性伸缩技术、基于机器学习的性能优化技术将为云计算系统带来更高的性能和更好的服务质量。同时,为满足未来减碳、低碳的要求,云数据中心需要进一步降低能耗,更多的云数据中心将采用全液冷、水冷式制冷,并逐步使用清洁能源,实现云计算的绿色可持续发展。

二、5.5G/6G 技术

(一)国内外发展现状

以 5.5G/6G 为代表的未来网络是新型基础设施,为数字经济的发展提供重要支持,受到世界各国的重视,学术界和工业界在 5.5G 超高速传输和超大规模接入、5.5G 新能力关键使能技术和 6G 新技术方面开展了大量的研究。

在超高速传输和超大规模接入方面,5.5G 旨在构筑"下行 10Gpbs、上行 1Gbps、千亿连接"的新型网络。为此,5.5G 需要采用毫米波等高频段、超大规模天线阵列和超高速光交换。美国的高通公司、韩国的三星公司和日本的 DOCOMO 公司等较早在这一领域开展研发,并已取得了多项技术专利。国内的华为和中兴等公司在高频段超大规模天线阵列技术方面取得了突破,处于国际并跑水平。浙江省在 5.5G 超高速传输和超大规模接入的主流技术方面涉及不多,但针对智能工厂大上行的需求,阿里巴巴研发了相关的企业专网,形成了一定的特色。

在新能力关键使能技术方面,5.5G 将新增无线感知、定位和智能化等革命性能力,主要支撑车联网、数字医疗和智慧城市等新业务。

浙江省在无线感知和定位方面处于国际第一梯队,部分方向处于国际领跑水平。例如,海康威视和浙江大华具有世界一流的视频感知和定位技术,研发的工业成像系统在大型工业园区中得到了大量应用。目前,国际主流方向是实现通信和感知的一体化,华为在第二届6G发展大会上展示了全球第一套通信感知一体化系统。浙江省可基于现有基础开展富有特色的5.5G新能力关键使能技术的研发。

在6G新技术方面,目前国内外对6G的愿景和技术具有不同的主张。美国主张发展以低轨星座通信为核心的6G网络,以支撑全球的无缝覆盖。美国的太空探索公司计划发射4.2万颗低轨卫星,构成一个超密集巨型低轨星座通信系统,并且已对卫星直连通信技术进行了验证,解决了星地直接通信的难题。以中国为代表的国家主张构建地面网络和卫星网络相融合的6G天地一体化信息网络。总体而言,低轨卫星通信将成为6G网络的重要组成部分。面向浙江省临海和多山的特点,浙江大学、之江实验室和东海实验室等省内单位已开展了天空地海一体化信息网络的研究,取得了在国内外有影响力的成果,处于国际并跑水平。

(二)发展趋势

未来5年是5.5G商用和6G预研的关键时期,为了满足toC新业务和toB行业应用对无线网络提出的新需求,5.5G/6G需要在以下方面持续创新。

1.5.5G超高速率传输和超大规模连接

面向数字诊疗和"东数西算"等业务,为了达到"下行10Gpbs、上行1Gbps、千亿连接"的性能要求,在5G增强移动宽带和大规模机器通信的基础上,5.5G需要进一步提高传输速率和连接能力。因此,5.5G需要在无线空口技术和网络交换技术等方向上突破一批新技术。

2.5.5G新能力关键使能技术

随着车联网等垂直行业需求的提高,5.5G需要新增无线感知、无线定位和智能化等革命性能力。同时,5.5G需要智能化平衡性能与能耗,以智能绿色实现性能节能双优。随着新能力的引入,需要对其关键使能技术展开研究,以达到严格的性能指标要求。

3.6G网络将在5G基础上持续向深度和广度演进

首先,通信模式将从追求高速率向全息通信演进。其次,通信范围将从地面通信向天地一体化通信转变。因此,卫星直连通信将成为6G的标志性技术之一。尤其是低轨卫星通信已成为新一轮国际竞争和产业变革的重要领域。针对浙江省临海和多山的特点,亟须开展相关方向的研究。

三、智能感知探测技术

(一)国内外发展现状

智能感知探测技术相关的研究,目前主要聚焦在以下三个方面。

1.智能终端方面

以西门子、霍尼韦尔、欧姆龙、索尼、倍加福、安森美为代表的国外企业在高端传感器方面处于第一梯队,占据着主导地位。以歌尔、韦尔、格科微、豪威等为代表的国内企业,在光学、声学、力学、电磁学等智能传感前沿技术,超高温压电、高性能硅基和碳基低维材料的传感特性,力、触觉、嗅觉等多维信息的协同感知共融机制和动态解耦技术,各类新型生物特征识别方面都取得了较好的研究进展,但总体上还处于跟跑阶段。

2.感知数据获取、融合和传输方面

国内外研究团队主要聚焦于海量异构传感器的快速统一接入技术,多维度、多元数据智能感知与多源异构数据融合同化技术,物联网异构应用场景的统一的数据负载模型,复杂网络和高密度物联网设备环境下的多模态高效数据传输技术,抗干扰、低功耗物联网实时通信协议方面,并产生了不少的最新研究成果。我省在通信传输尤其是以

5G 为代表的长距离、高速率通信方面处于国际并跑水平,在网络接入等方面还处于跟跑阶段。

3. 感知数据智能处理方面

国内外研究团队主要聚焦于知识与感知数据双轮驱动的智能物联感知理论体系,多传感器感知数据聚合估计模型,在线融合计算,复杂场景下视、听、语言、红外、雷达、图像等多模态感知数据的融合表达,从信息结构化拓展到物理关系、逻辑推断等知识性模态,实现深度感知和理解的人工智能技术方面,并取得了不少研究成果。我省在智能核心算法方面还处于跟跑阶段,但是在数字安防等一些具体的应用方面已经处于领跑水平。

(二)发展趋势

智能感知探测技术需要重点突破"感—联—知—用—融"的基础理论与关键技术。

丰富智能感知探测手段,融合可见光、不可见光及其他多探测器的多维智能感知技术,实现泛在环境下的多模态信息获取,已成为智能物联行业的发展趋势。基于新探测原理、新敏感元件,实现多种探测方式、多种频段信号探测的智能感知器件,推进智能传感器向高精度、高可靠性、微型化、仿生化等方向发展,构建形成全场景、全天时、全天候的智能感知能力。

探索快速、无感、统一的海量异构传感器接入技术,构建低功耗、低时延、高可靠的数据传输网络是智能感知的重要研究方向。针对海量异构的传感器接入需求,研究即插即用、数据统一标识和云边协同的快速无感统一接入技术。针对物联网数据海量、多源、异构、多模态的特点,研究数据的本地融合算法和压缩理论。研究各类复杂网络环境下的高可用、低功耗、低时延的物联网实时通信协议和网络技术,实现智能感知探测应用中数据的多维度、可靠获取。

多维度、多元感知数据融合,推进复杂场景的跨模态智能计算。建立在图像、文本、语音、物理传感信息等多模态信息识别基础上,实现不同模态信息的统一表征框架和模型构建,解决跨模态数据差异大、特征关联难的问题;从海量跨模态数据中高效地进行知识提取,从信息结构化拓展到物理关系、逻辑推断、因果分析等知识性模态,实现复杂应用场景的深度感知和理解,形成重点行业的物联网智能应用标准化体系。

四、工业互联网

(一)国内外发展现状

作为全新工业生态、关键基础设施和新型应用模式,工业互联网在相关的技术、工具链、平台等方面都取得了巨大发展。

1. 技术

在技术上,工业互联网的发展逐渐打破了以 ISA 95 为代表的"金字塔"体系结构。例如,欧姆龙 FH 系列的图像处理系统能够通过总线技术与 PLC 进行连接,并进行结果的交互处理;美国艾默生公司的 OpenEnterprise 软件可支持全过程智能监测和控制。工业互联网也促进了 IT 和 OT 技术的融合,使得以美国为代表的 OPAF 组织和以德国为代表的 NAMUR 组织,开始抱团设计新的工业开放统一架构。浙江省有浙大中控、杭州和利时等企业具备技术栈整合能力,也有浙江大学、杭州电子科技大学等高校具备创新技术攻关能力,在国内处于领先水平,但在前沿技术及交叉领域应用上,与国际巨头仍然有较大差距。

2. 工具链

在工具链方面,通过服务能力的融合和云化开始突破传统组态开发、建模仿真、性能测试等工业软件的界限。例如,美国 GE 公司 EnerVista 软件提供数据—模型驱动建模方法并具备组态化开发能力;美国 QSI 公司 TEAMS 系列软件提供了嵌入式诊断和推理功能,也能够组态设计工业过程和专业知识。国内浙大中控、亚控科技、昆仓通态在控制系统组态、SCADA、人机界面等方面已有工具软件,但是工具之间还相对独立,没有形成工具链。浙江省的浙大中控、杭州优稳等在部分工具上处于国内领先水平,具备国际并跑潜力。

3.平台

在平台上,以工业巨头为代表的 MindSphere、Predix 等通用平台趋于成熟;高端装备、钢铁化工等细分产业出现了许多产业互联网平台,如美国的 Covisint 汽车产业协作平台;运维服务、智能应用等专业领域平台不断涌现,如 Aspen AIoT Hub。国内航天云网、根云平台等起步早、投入大,整体上处于国际并跑水平。浙江省有阿里云、汇萃智能、力太互联等相关企业具备通用和专业平台,在国内处于领先水平。

(二)发展趋势

工业互联网将主要朝着以下三个方向发展。

1.工业互联网技术栈向着扁平化发展

支持混合流数据获取、存储、处理、监控等技术、系统以及异构高性能硬件趋于一体,支持与 5G 技术、大数据、云计算、边缘计算、元宇宙等交叉融合,通过边缘分布式、云边协同、多云协同的资源调度计算和应用形成统一开放的系统架构。

2.工业互联网工具链向着云化共融发展

支持低代码或无代码开发、工业过程设计、生产过程虚实结合、生产要素深度智联、数据与知识双驱动等技术以及工具形成共融发展趋势,并通过微服务架构、服务网格架构、无服务架构等形式提供云化服务。

3.工业互联网平台向着多元多层次发展

跨行业跨领域通用型工业互联网平台将稳步发展;面向高端装备、新能源等行业和区域的特色型平台以及面向云仿真建模、数字孪生、设备预测性维护、知识模型化沉淀等的专业型平台将不断增多。

第三节　网络通信(含5G)产业发展基础与问题

一、发展基础

(一)技术层面

浙江省在云计算技术方面具有一定优势,比如云计算硬件及国产化服务器、云数据中心智能路由器、智能交换机方面,处于国际并跑水平;在云计算应用平台及运行管理技术方面,处于国际领先水平;在5.5G/6G技术方面,浙江省在5.5G超高速传输和超大规模接入的主流技术方面涉及不多,但针对智能工厂大上行的需求,形成了一定的特色;在天空地海一体化信息网络研究方面,处于国际并跑水平;在智能感知探测技术方面,浙江省在高端智能传感器开发、感知数据智能处理核心算法等方面整体上还处于跟跑状态,但是在数字安防、智能汽车领域的后端应用具有较大的技术优势,在全国处于领跑地位;在工业互联网方面,在全新工业生态、关键基础设施和新型应用模式,以及相关的技术、工具链、平台等方面取得了较好的发展,但总体上处于跟跑水平。

(二)重大平台和学科方面

目前,浙江省已有工业控制技术国家重点实验室、工业自动化国家工程研究中心和视觉感知技术研发与应用国地联合工程研究中心3个国家级平台,已有计算机科学与技术、软件工程、控制科学与工程、材料科学与工程、电子科学与技术等5个A类学科和被软科排为国内前十的信息与通信工程学科等众多高水平学科,已有之江实验室、湖畔实验室、浙江省智能工厂操作系统技术创新中心、智能感知与系统教育部工程研究中心、视觉感知教育部—微软重点实验室、浙江省协同感知与自主无人系统等省部级平台 14 个,已有云工程和云服务省级重点企业研究院等 20 多家。

(三)人才团队层面

浙江省已形成了由院士等高层次专业人才组成、在国内外有较大影响力的专业人才队伍。其中包含两院院士、国家级人才、国家级科技奖获得者以及国家级青年人才等。产业化人才团队方面,已经建有 5G 通信应用基础材料关键元器件研发与产业化领域 4 个领军型创新团队。

(四)企业层面

浙江省有阿里巴巴、网易、新华三、海康威视、杭州华为、三维通信、闻泰通讯、中国移动杭研院、浙江大华、浙大中控、杭州和利时等行业头部企业。阿里巴巴、新华三在云操作系统、云数据库、云服务器、云平台等方面,处于国际先进水平;杭州华为是未来网络研发的领军企业,在智能网络方面具有世界一流的成果;浙江大华在无线感知和定位领域具有较好的积累;海康威视、大华、宇视是数字安防领域的头部企业,它们在智能监控终端、数字安防应用方面具有领先优势;浙大中控、杭州和利时等是控制领域的头部企业,在组态软件、控制系统、采集监控系统等方面处于国内领先水平;浙江省内阿里云工业大脑、汇萃智能工业机器视觉应用平台、力太工业互联网平台等在行业应用中已经有一定积累,在国内处于领先水平。

(五)产业层面

云计算与未来网络是高端装备、新一代信息技术等世界级先进产业群的核心部分,通过关键技术的攻关能引领"机器人与数控机床""节能环保与新能源装备""数字安防与网络通信""节能与新能源汽车"等多个千亿级特色产业集群的发展,培育人工智能、元宇宙等高成长性百亿级"新星"产业群。

二、现存问题

浙江省在网络通信产业领域大体上处于国内领先地位,但是,也存在一些短板和问题:

在云计算技术方面具有部分优势,但在基于通用 x86 架构处理器的云计算硬件技术、云操作系统、系统软件、核心算法、标准化等方面,与国外相比仍存在较大差距;以 5.5G/6G 为代表的未来网络的核心关键技术优势不足,与世界先进水平还有一定的距离;在高端智能传感器方面还存在较大的技术不足,需要重点攻克;在工业互联网前沿技术以及交叉领域应用、高端工具链上,与国际巨头仍然有较大差距;在平台能级、领军团队、产业生态等方面,相比上海、深圳等先进地区还存在一定差距。

第四节 网络通信(含 5G)技术发展路径

浙江省可按照锚定五年、谋划三年、抓好每一年的思路,推进云计算与未来网络战略领域的谋划。

一、未来五年战略目标

未来五年,浙江省应重点攻关智能云操作系统、云原生数据库、算力网络融合技术,超高速率传输和超大规模连接技术,低轨卫星通信技术,复杂场景超视觉感知、新材料、新工艺智能感知技术,感算控一体、高可靠确定性网络、全过程可视化技术等,形成一批世界领先的标志性成果,包括构建具有百亿规模设备管理能力的智能云操作系统、超高吞吐量的云原生数据库;实现面向复杂场景的超视觉感知能力,形成世界先进的智能感知设备;达到分米级感知和厘米级定位水准;建成世界先进的全工业过程感算控技术、系统和工具链以及专业化工业互联网平台。争取新建各类省级平台25个以上,培养省级以上领军人才50个以上,争取国家重大项目10项以上,进一步提升我省在数字安防、智能汽车、数字诊疗、元宇宙、高端装备等产业的领先优势,推动世界级、千亿级产业集群发展。从项目、平台、人才、产业全方位、全体系,支持加快建设具有全球影响力的科创高地、创新策源地和国际重要产业创新中心。

二、三年滚动推进

(一)布局重大项目

云计算技术与平台方向,在新型云计算架构、智能路由器、人工智能交换机、面向新一代云计算架构的创新硬件、云数据中心安全可信技术、基于国产硬件的大规模云数据中心、云边协同技术、云操作系统、云原生数据库、安全可信政务云平台、无服务器计算平台、云上低代码平台技术、云上医疗大数据平台、安防云平台、大规模云平台性能优化、故障诊断与故障预测技术、绿色数据中心节能降耗技术等方面,部署重大项目15项以上,在构建具有百亿规模设备管理能力的智能云操作系统、超高吞吐量的云原生数据库方面取得标志性成果。5.5G/6G技术方向,在5G高频段信道模拟器、复杂工业环境下的高精度无线感知和定位、工业成像和通信融合平台、超大规模天线传输技术等方面布局8—10个项目,在达到分米级感知和厘米级定位技术方面取得标志性成果。

智能感知探测技术方向,系统布局传感器敏感元件关键技术、MEMS技术和生物特征识别与仿生技术,面向行业的智能传感器及系统和传感器研发支撑平台、瞬变电磁探测技术,在该方向布局3项左右的重点项目;探索快速、无感、统一的海量异构传感器接入技术,构建低功耗、低时延、高可靠的数据传输网络,在该方向上布局3项左右的重点项目;针对元宇宙、数字安防、危化品等重点行业,研究全面智能感知,多维度、多元感知数据融合技术,推进复杂场景的跨模态智能计算,实现不同模态信息的统一表征框架和模型建立,在该方向上布局 4 项左右的重点项目,力争在实现面向复杂场景的超视觉感知能力、形成世界先进的智能感知设备方面取得标志性成果。

工业互联网方向,攻克工业高可靠确定性网络技术以及面向高可靠确定性网络的边缘控制系统、信息处理技术、低碳节能群控技术等,建立面向绿色高端装备、能源监控等孪生运维、智能监控等专业平台,布局 5 项左右的重点项目;攻克工业全过程可视化技术,研制云化共融的工具链,建立多行业多层次工业全过程可视化服务等专业平台,布局 5 项左右的重点项目,力争在建成世界先进的全工业过程感算控技术、系统和工具链以及世界领先的专业化工业互联网平台方面取得标志性成果。

(二)建设重大平台

深化现有省重点实验室、工程研究中心、产业创新中心、重点企业研究院等已有技术创新载体建设,将相关省级平台的研究攻关方向聚焦到云计算与未来网络的核心攻关需求上来。筹建云计算技术国家地方联合实验室,工业互联网国家地方联合工程研究中心,打造国家级的协同创新共同体。在云原生技术、智能路由交换技术、5G 通信、工业软件等方面,布局建设多个省重点实验室;在大规模云平台故障诊断与可靠性增强应用、智能感知技术应用、工业互联网等方面,布局建设创新联合体;在低碳云数据中心应用、嵌入式系统、智能运维等方面,布局建设省重点企业研究院,构建覆盖云计算与未来网络全领域创新的整体平台布局。

(三)引育领军型人才团队

面向浙江省在云计算与未来网络领域的人才团队基础和需求,聚焦关键领域、核心环节,明确引人目标,深入实施"鲲鹏行动"等重点人才计划,加强两院院士的培育和引进力度。瞄准关键领域外籍院士、国家"杰青"等领军人才,关注国家青年人才和省级人才,构建健全、有活力的人才梯队。面向主要创新型国家和地区,引进领军型创新创业团队和优秀的海外工程师,构建创新创业全人才谱系。

(四)培育创新型企业

在云计算技术、5.5G/6G技术、智能感知探测技术、工业互联网等重点领域培育创新能力强、引领作用大、研发水平高、发展潜力好的创新型领军企业。在智能云操作系统、云原生数据库、算力网络融合技术,超高速率传输和超大规模连接技术,低轨卫星通信技术,复杂场景超视觉感知、新材料、新工艺智能感知技术,感算控一体、高可靠确定性网络、全过程可视化技术等细分高新技术领域,培育发挥龙头牵引作用的行业独角兽和专精特新中小企业。

(五)支撑"415X"产业集群建设

重点支持高端装备、新一代信息技术等世界级先进产业群的核心部分,通过关键技术的攻关能引领"机器人与数控机床""节能环保与新能源装备""数字安防与网络通信""节能与新能源汽车"等多个千亿级特色产业集群的发展,培育人工智能、元宇宙等高成长性百亿级"新星"产业群。

坚持拉高标杆、攻坚克难、多跨协同,围绕云计算与未来网络领域,突出创新制胜导向,强化教育、科技、人才联动,全力提升重大科创平台能级,推进"揭榜挂帅"、"赛马制"、创新联合体等攻关模式,部署实施新型云计算架构、智能路由器、人工智能交换机、高精密光学测试技术、瞬变电磁探测技术、面向行业的智能传感器及系统和传感器研发支撑平台、高精度无线感知和定位技术、超大规模天线传输技术、工业5.5G高可靠确定性网络的分布式控制系统、感算控一体化边缘处理系统等一批重大项目,深入实施科技企业"双倍增"行动计划和科技中小企业培育计划,加快引育科技人才团队,强化省市县联动,抓好当年工作落实。

第五节 网络通信(含5G)技术发展对策举措

一、加强网络基础设施建设

(一)以基础建设不断拓展5G网络覆盖的广度和深度

稳步且有组织地推进5G网络的发展,确保城市的网络能够更广泛地延伸到农村,同时也努力提高5G网络的覆盖深度和广度。积极促进智能农业应用场景的开发,推动农业生产流程的智能化、管理的信息化、经营的网络化,以及服务的便捷化。加快推进物联网等新兴技术在农业中的广泛应用,实现智能农业的跨越式发展。为了更好地推进5G行业虚拟专网的规模化发展,必须满足垂直行业对数字化的差异化和个性化的需求,全面加强5G网络的共建和共享,持续提升网络的质量和服务水平,从而为数字中国的建设提供坚实的数字支持。

(二)以场景创新推动5G融合应用向纵深发展

为了解决企业在生产和经营活动中所面临的各种问题,浙江省精心绘制了一个行业应用场景地图,并以应用场景创新作为推动力,促进了5G技术与人工智能、大数据以及云计算等先进技术的深度整合和创新。通过对行业需求的分析,浙江省设计开发了一系列应用场景地图产品,如智能工厂、智慧城市、工业互联网、数字孪生制造和农业物联网等。不仅提高了5G整合应用的供给能力,同时也推动了5G在生产和日常生活中更广范围和更深层次的使用,进一步加深了5G与实体经济的结合。

(三)以技术创新促进 5G 规模发展

随着 5G 国际标准的不断发展和 5G 综合应用需求的持续增加，产业链的各个环节都迫切需要进一步加强技术、标准和产业的创新。这一举措将促进 5G 技术朝着 5.5G 增强技术的方向进一步地发展和提升，从而提升 5G 增强技术产品的供应能力。同时，这也将系统性地推动 5G 芯片、模组、终端设备、数字平台以及应用等多个产品的研发和创新，以确保整个 5G 产业链的供应链能够保持稳定和安全。

(四)以模式创新共筑 5G 良好产业生态

为了促进传统产业向数字化和智能化快速转型，并确保企业生产流程与价值链数据能够无缝对接，必须充分发挥数据元素和 AI 技术在推动 5G 应用创新、选择目标市场、创新营销和生态合作等方面的核心作用，从而更加有效地促进 5G 的健康发展；坚持开放合作的理念，鼓励企业开展基于云计算的业务模式研究和实践工作，不断提升自身的核心竞争力，进而增强全球影响力和话语权。模式创新追求的是为客户呈现一个"网络＋平台＋终端＋应用"的 5G 集成方案，这不仅能提高 5G 产品和解决方案的额外价值，还能探索多种收益渠道；始终遵循开放合作的理念，加强在标准、技术、应用和安全等多个方面的国际交流和合作，共同推进 5G 产业的创新和发展。

(五)以政策创新不断扩大 5G 融合应用需求

在现阶段，要想满足 5G 的有效市场需求，关键在于采取精确的策略，确保财政、金融、税务、产业和科技等多方面的政策能够有效地协同工作。这样可以形成一个强大的政策合力，提升消费者的购买力，为企业用户特别是中小型企业减轻经营上的压力。同时，还需要加强对 5G 行业标杆案例的宣传和推广，以鼓励更多的用户广泛应用 5G 和其他数字技术，从而加速数字化转型进程。

二、推动网络通信(含 5G)融合发展

(一)推动 5G 与生产应用的深度融合,促进 5G 赋能持续走深

随着 5G 技术在工业互联网和智慧交通等多个领域的深入融合,网络通信正在逐步从一个垂直的大类向更细分的集群转变,从仅仅为企业提供服务转向更深入地融入生产,并从改变通信方式转向重新定义生产流程。例如,在河南省平顶山地区,中国移动与平煤神马集团合作,共同启动了全国首个千米长的"5G+智慧煤矿"项目。该项目利用 5G 和远程掘井等先进技术,实现了危险作业区域设备的远程操控,从而推动煤炭企业走向更加人性化和无人化的发展路径。

(二)5G 向多链融合发展,带动 5G 崭新产业升级

5G 是战略性新兴产业的重要组成部分,也是形成新质生产力的重要领域。我国 5G 总体发展态势领先,浙江更应抓住这个风口优势,大力发展 5G 产业深度发展。面向未来,浙江应致力于深入基层解决瓶颈问题,积极向更广泛的行业发展,并与 6G 技术创新紧密结合;加快形成具有全球竞争力的新技术、新工艺、新产业模式和商业模式。为了实现高效的发展,需要将产业链、创新链、资本链、供应链和人才链紧密结合。通过创新链,可以突破关键技术,利用供应链来实现产品的应用,而资本链则可以推动产业的发展。这样可以激发创新的"核聚变"效应,并加速移动产业的整合和壮大。

(三)提升 5G 融合深度,以合作带动产业发展

一要确保技术创新的持续强度,并不断地培养新的生产力;二要加快建设数字经济体系。浙江正在构建一个新的发展模式,其中链长起到了牵引作用,央企起到了领导作用,而中小企业则相互支持实现了共同发展。

首先,加快推动"两化"深度融合,促进产业转型升级和提质增效,

提升产业链创新能力。正在加快5G技术向通感一体、无源物联、确定性网络等新技术的发展,同时也在推动5G与感知、AI、算力、新一代信息技术的融合和创新。加快工业互联网平台建设和产业生态体系建设,促进制造企业智能化转型升级。

其次,深化行业整合,借助5G的标准化来推动规模化发展。加快制定相关标准体系和技术规范,建立面向全产业链开放的技术标准平台,促进产业间互联互通。正在不断地推动5G技术在不同行业之间的协同整合,以形成一个直接针对需求、深入各个行业、并整合IT、OT、CT技术的端到端一体化解决方案。这将有助于5G应用从定制化转向标准化,5G能力也将从后装扩展到全装,从而全方位地加速5G的规模发展。加快构建面向万物互联的新型基础设施,促进互联网、大数据、人工智能和实体经济跨界融合,为经济社会各领域数字化转型升级提供有力支撑。

最后,确保国际合作的广泛性,并努力达成更广范围的国际共识。移动通信产业是高度开放和国际化的产业,需要各国相互合作才能繁荣发展,需要依托NGMN、ITU、3GPP等国际行业标准组织加强国际合作,共同推动5G发展。面向6G,推动形成统一的6G国际标准技术体系,与全球各方共同构建6G产业生态。

三、推进5G+工业互联网全连接工厂建设

(一)以工业互联网赋能园区发展

作为区域经济增长的核心平台,工业园区展现了高度的产业聚集、紧密的企业联系以及对数字化转型的迫切需求。它被视为发挥工业互联网平台基础设施能力和确保平台应用成功实施的关键产业方向。目前我国已建成一批各具特色、功能完备的国家级或省级工业互联网产业园区,为促进制造业高质量发展提供了有力支撑。工信部发布的《工业互联网专项工作组2022年工作计划》强调了利用工业互联网来加速各省市园区的转型和升级,并发起了工业互联网进入园区的

"百城千园行"活动;我省对工业互联网园区的建设给予了高度的关注,并持续优化相关的支持政策,以确保工业互联网园区能够稳固地发展。

(二)以工业互联网赋能中小企业数字化转型

我省民营经济长久以来都充满着市场活力,是推动我省市场经济发展的重要力量。目前,中小型企业在数字化转型的实践中仍在探索,这些企业的数字化程度普遍偏低。他们主要面对的问题包括基础能力不足、转型成本高、对安全的担忧以及服务供应的不足,但这也意味着他们还有很大的提升潜力。目前,工业互联网已成为推动我国制造业创新发展的重要抓手,为中小企业开展数字化转型提供了新的技术路径和模式借鉴。随着中小企业对数字化转型的持续需求和众多有利政策的发布,工业互联网平台的能力也逐渐向这些企业扩展。应进一步从诊断服务、资金支持、企业上云等方面加快对中小型企业的扶持力度,从根源上解决中小型企业"不想转、不会转、不敢转"的问题。

(三)推广 5G 全连接工厂建设

5G 全连接工厂是指利用 5G、TSN、LAN 等尖端的信息通信技术,并结合工业大数据、标识解析和人工智能等前沿技术,来新建或翻新生产线、车间级和工厂级的生产场所。通过对传统制造模式进行优化升级,将其转化为一种全新的生产方式,即智慧工厂。通过这种方式,能够广泛地连接生产单元,深度整合 IT 与 OT,最大化地利用数据要素,并高效地赋予创新应用能力,进而塑造成一个领先的制造工厂。在国家层面,"十三五"规划明确提出要推进新一代信息技术与制造业深度融合。在企业管理层面,从"横向分类、纵向分级"这两个维度出发,鼓励企业和工厂根据自身的发展规律和实际需求进行操作。在行业层面,强调了基于标准的差异化竞争,以及标准化对提升产业竞争力和推动技术创新所具有的重要作用。在确保技术具有高度的可行性和相对可控的成本的前提下,特别强调了研发设计、生产操作、检测监控、仓储物流和运营管理等关键环节的实际应用。在产业端则通过构建基于智能制造的数字化网络基础设施体系,实现对产业链各环节的有效管控及优化配置,从而促进制造业向更高层次迈进。5G 技术是推动工业互联网快速增长的核心技术之一,而工业互联网则是加速5G 在商业领域的应用的关键途径之一,这两者是相互补充的。

四、加大理论基础研究支持

(一)鼓励编写任务攻关指南

编写任务攻关指南是加强网络通信基础研究的首要任务之一,这一指南应当明确研究方向、重点任务和时间节点,为研究团队提供明确的工作目标和路线图。一是制定长期规划。政府部门应当牵头制定网络通信基础研究的长期规划,明确未来五年(或十年)的发展目标和重点任务。二是引导产学研合作。鼓励企业、高校和科研机构共同编写网络通信基础研究的任务攻关指南,形成共识,凝聚资源。三是集思广益形成共识。组织专家学者、企业代表和政府官员等多方参与,通过专家评审和讨论形成任务攻关指南,确保其科学性和可操作性。

(二)加强项目资助

项目资助是推动网络通信基础研究的重要保障。政府、企业和社会各界应当共同加大对网络通信基础研究项目的资金支持,为科研团队提供稳定的研究经费。一是提高财政投入。政府应当增加对网络通信基础研究的财政投入,优先支持重点项目和战略性研究方向。二是创新资金支持方式。探索多种资金支持方式,如设立专项基金、开展产学研合作、引入社会资本等,为网络通信基础研究项目提供多元化的资金保障。三是完善评审机制,建立科学的项目评审机制,确保项目的科学性和前瞻性,提高研究经费的使用效率。

(三)加强人才引进

人才是推动网络通信基础研究的核心力量。地方政府应为吸引和留住优秀的网络通信研发人才采取必要的保障措施。一是制定人才引进政策。政府可以出台相关政策,为网络通信领域的优秀人才提供税收优惠、住房补贴等政策支持,提高其工作和生活的幸福感。二是拓宽人才渠道。加强国际合作,引进国际一流的网络通信研究团队和人才,促进我国网络通信基础研究与国际接轨。三是建立人才培养机制。加强对网络通信人才的培养,建立多层次、多领域的人才培养机制,培养出更多具有创新精神和实践能力的高水平人才。

(四)促进平台建设

平台建设是支撑网络通信基础研究的重要保障,省委、省政府及各级政府应为网络通信技术的研发提供充分平台建设保障。一是建设实验室和研究中心。加大对网络通信实验室和研究中心的建设投入,提供先进的设备和技术支持,为科研人员开展高水平的研究提供良好的条件和保障。二是推动产学研合作。加强产学研合作,建立产业界、学术界和政府部门之间的合作平台,促进科研成果的转化和应用。三是搭建开放共享平台。建立开放共享的网络通信基础研究平台,为不同单位和个人提供数据、资源和技术支持,推动研究成果的共享和交流。

(五)加大资金支持

一是多元化筹资渠道。政府、企业和社会各界可以共同参与网络通信基础研究项目的资金支持,建立多元化的筹资渠道,确保研究经费的稳定来源。二是强化财政支持。政府应加大对网络通信基础研究的财政支持力度,增加财政投入,提高科研经费的使用效率。三是鼓励社会捐赠。鼓励企业和社会各界参与网络通信基础研究项目的捐赠和赞助,形成全社会共同支持网络通信基础研究的良好氛围。

网络通信基础研究是推动通信技术进步、促进科技创新的重要举措,通过编写任务攻关指南,加大项目资助、人才引进、平台建设和资金支持力度等综合措施,可以有效推动网络通信基础研究的发展,提升我省在该领域的全国乃至全球竞争力。

下篇 人才优势

第六章　背景与意义

第一节　研究背景

　　党的二十大报告指出,要"完善人才战略布局,加快建设世界重要人才中心和创新高地,着力形成人才国际竞争的比较优势"。《长三角一体化发展规划纲要》(以下简称《规划纲要》)中对长三角的战略定位是"一极三区一高地",其中一极是"全国发展强劲活跃增长极",这是今后若干年长三角最为重要的历史使命。而增长极的本质就是创新中心,保持长三角城市群的创新活力,激荡长三角城市群的创新能力,是长三角担当起全国强劲活跃增长极的关键所在。

　　2023年度长三角地区主要领导座谈会明确提出要"携手打造长三角科技创新共同体",这标志着在长三角打造和维护创新高地已进入一个新的发展阶段。围绕科技创新共同体,未来长三角将从高质量先行、原始创新动力、融合创新示范、开放创新引领等方面同时发力,打造全国原始创新高地和高精尖产业承载区。高能级创新平台就是打通长三角各地区创新资源和创新能力的"心脏"和"大脑",而人才则是连接这一有机体的"血液",为推动长三角地区成为以科技创新驱动高质量发展的强劲动力源提供"养分"。

第二节　研究意义

以高能级创新平台为载体提升长三角人才国际竞争优势，是长三角代表我国参与国际竞争的重要赛道。将长三角打造成我国最具活力的创新策源地，积极推动长三角地区参与国际竞争，尤其是参与科技与人才的竞争，是长三角一体化发展作为我国重要的国家战略的题中应有之义。如果说纽约地区的发展优势是金融，旧金山湾区的发展优势是创新，东京都市圈的发展优势是产业，那么长三角立足全球的竞争优势就是"高质量"和"一体化"。尤其是在当前各个城市人才引进政策不断升级，"抢人大战"进入白热化阶段，长三角如何抓住国际国内经济社会变化中的有利因素与机遇，对接国际通行规则，最终形成人才的国际竞争优势，对我国在关键赛道上实现弯道超车具有重要意义。

以高能级创新平台为载体提升长三角人才国际竞争优势，是打造长三角科技创新共同体的重要内容。2023 年度长三角地区主要领导座谈会把"携手打造长三角科技创新共同体"作为首要主题。《长三角区域一体化发展 2023 年度工作计划》也将"坚持高水平科技自立自强，携手打造世界一流科学中心、共筑科技创新高地"作为重要内容。根据《长三角科技创新共同体建设发展规划》要求，到 2025 年，形成现代化、国际化的科技创新共同体，基本破除制约创新要素自由流动的行政壁垒。人才作为科技创新力的根本源泉，在推动科技创新共同体的建设中发挥着至关重要的作用。为此，必须依托长三角发展的"高质量"与"一体化"，破除三省一市之间人才流动的行政壁垒，以"科创＋产业"为引擎，充分调动人才在构筑科技创新基础、促进创新成果转化、保障高能级创新平台活力等方面的作用，将长三角打造成全球科技创新高地的引领者、国际创新网络的重要枢纽、世界科技强国和知识产权强国的战略支柱。

　　以高能级创新平台为载体提升长三角人才国际竞争优势,是推动长三角区域经济高质量一体化发展的重要抓手。一方面,高能级创新平台能够在不同城市和地区之间搭建合作的桥梁,客观上推动创新要素的共享,优化创新资源的配置,尤其是促进人才在长三角地区的流动和共享,不仅提高了人才的使用效率,也为地方经济的发展提供了强有力的人才保障。另一方面,高能级创新平台具备创新创业孵化功能,可以吸引和培养一大批具有创新精神和创业意愿的人才,为市场输送更多高素质的人才,为地方经济的发展注入新的活力,推动经济的持续发展。

　　以高能级创新平台为载体提升长三角人才国际竞争优势,是解决长三角科技创新短板的现实需要。随着一体化发展模式的日趋成熟,高端生产要素正在不断向长三角汇聚,社会基础设施不断完善,正在快速向世界级城市群迈进,其中最为关键的就是必须牢牢把握创新的主动权。但目前长三角的创新资源与人才资源依然存在着空间分布不平衡、人才总体战略缺乏、人才国际竞争力不强、与产业资源错配等问题。尤其是浙江省,国家实验室、大科学装置、高水平研究型大学等资源相对缺乏,除杭州、宁波外,其他城市行政层级相对较低,形成人才国际竞争优势的客观条件有限。但这些地级市大多具有发达的制造业,是我国重要的先进制造业集群所在地。因此,改善体制机制,优化创新资源的空间分布与区域协调,是长三角掌握创新发展主动权,牵住创新发展"牛鼻子"的重要支撑。

第七章　相关概念与机制机理研究

第一节　高能级创新平台的含义及特点

一、含义

从总体上看,在新一轮科技革命及其引发的产业革命中,我国的自主创新基础还相对薄弱,离创新型国家的标准还有一定距离,面对日趋激烈的国际竞争还存在一些亟待解决的问题。主要表现为:国家自主创新支撑体系的统筹规划和科学布局有待加强;科学、健全、高效的建设、运行、管理机制急需完善;公共科技设施的开放共享和产业研发设施建设中如何充分发挥市场机制的作用问题有待进一步解决;产业共性技术供给能力相对较弱,企业的自主创新能力仍显不足,企业创新主体的作用有待进一步发挥等。高能级创新平台正是在以上背景下应运而生的,这既是长三角作为全国"经济压舱石、发展动力源、改革试验田"的责任担当,也是深入推动长三角高质量一体化,以体制机制变革寻求创新突破点的内在要求。

所谓高能级创新平台,是指面向社会经济重大需求、服务于国家战略、体现国家制度优势、具有高度开放性与包容性,且能形成全球影响力,代表我国最高水平与最前沿研究方向的创新平台。高能级创新平台是激活创新资源、促进科技成果转化、实现创新驱动发展的有效载体,对提升国家和地区的创新能力和竞争力具有重要意义。

二、特点

相较于其他创新平台,高能级创新平台主要具有以下特点。

(一)高能级的资源整合能力

普通的创新平台通常只具有某个领域或某个环节上的创新优势,但高能级创新平台通常拥有强大的资源整合能力,能够将不同领域、不同地区、不同层级的创新资源汇聚在一起,形成更加完整的、具有体系性的创新链条,进而促进学科交叉、技术融合,提高科技创新效率,提升成果质量。

(二)高能级的人才吸引能力

与其他创新平台更多是在"引人"和"留人"不同,高能级创新平台除了引培之外,更加注重培养和激发科研人员的创新能力,使其服务于前瞻性学科与前沿性技术;更倾向于鼓励科研人员探索未知领域,也更提倡科研人员进行独立思考和原创性研究。这种创新氛围可以吸引更多优秀人才,提高整个平台的创新能力和国际竞争力。

(三)高能级的开放包容性

在确保知识产权的前提下,高能级创新平台相比其他创新平台更具开放包容的态势,能够共享来自不同领域、不同地区、不同机构的创新资源,形成多元化、开放性的创新链接,优化创新生态,促进知识共享、交流合作,推动科技创新的发展。

(四)高能级的协同合作能力

高能级创新平台比其他创新平台更注重协同合作,能够将多个创新主体、多种形式的合作整合在一起,形成协同创新模式。这种高效的协同合作,可以提高整个平台的创新效率和成果质量,实现多方共赢。

(五)高能级的国际化程度

高能级创新平台通常具有较高的国际化程度,能够与国际接轨,吸引国际先进的科技资源、技术成果和专业人才。并通过参与国际合作与竞争,提高平台的国际影响力和竞争力。

2023年5月,浙江省委书记易炼红同志在杭州开展主题教育课题蹲点调研中,以高能级创新平台为调研对象,提出要把"引领作用"和"提质增效"作为高能级创新平台发展的关键词。① 结合《浙江省人民政府关于印发浙江省"315"科技创新体系建设工程实施方案(2023—2027年)的通知》的要求,以及国内外其他创新体系构建中的经验,长三角高能级创新平台应包括一流实验室、一流高校和一流技术创新中心三类(如图7-1所示)。

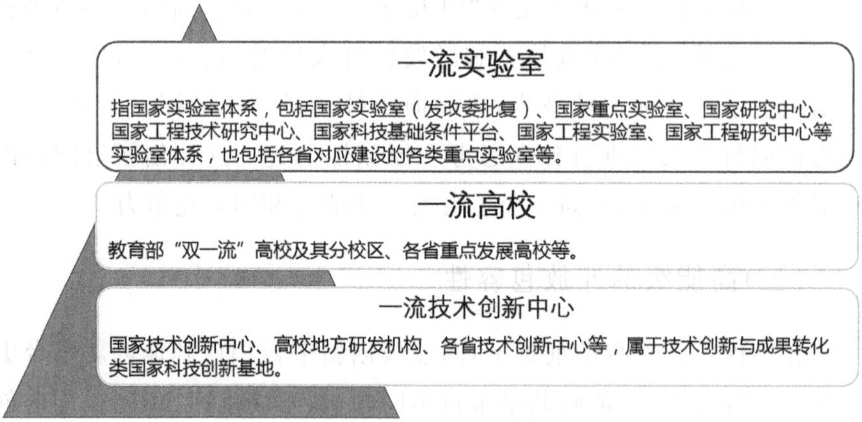

一流实验室
指国家实验室体系,包括国家实验室(发改委批复)、国家重点实验室、国家研究中心、国家工程技术研究中心、国家科技基础条件平台、国家工程实验室、国家工程研究中心等实验室体系,也包括各省对应建设的各类重点实验室等。

一流高校
教育部"双一流"高校及其分校区、各省重点发展高校等。

一流技术创新中心
国家技术创新中心、高校地方研发机构、各省技术创新中心等,属于技术创新与成果转化类国家科技创新基地。

图7-1 长三角高能级创新平台的构成

---

① 参见《谋深谋实关键招 聚焦聚力新突破 切实扛起高水平科技自立自强的浙江担当》(《浙江日报》2023年5月7日第001版)。

第二节　人才国际比较优势的含义

在全球化时代,各国都在努力提升自己的人才国际比较优势,以应对日益激烈的全球人才竞争。人才国际比较优势是指一个国家或地区在人才数量、质量、结构等方面的优势,以及在全球范围内吸引和留住高层次人才的能力。这种优势可以从以下几个方面来理解。

第一,人才数量和质量上的优势,即人才资源的丰裕程度,既包括高学历、高技能、创新能力强的人才,也包括各个产业中技术人员和工人的数量与匹配程度,因此是一个较为综合的概念。

第二,人才创新和创业环境的优势,包括人才创新和创业的政策环境、经济环境和社会环境,这些环境可以吸引和留住国内外优秀人才,并激发他们的创新和创业精神。

第三,人才配置和流动的优势,即人才资源配置和流动机制是否灵活有效,能否使人才更好地服务于经济发展和社会进步。

第四,人才国际交流与合作的优势,即是否拥有广泛和深入的国际人才交流与合作渠道,一方面借鉴和吸收国际先进的人才管理经验和科技创新成果,另一方面也可以输出自己的人才资源,参与国际合作和竞争。

第三节　长三角高能级创新平台推动形成
人才竞争优势的机理分析

以高能级创新平台为载体提升长三角人才国际比较优势的本质,就是要发挥区域科创资源密集优势,着力推进创新链、产业链和人才链的深度融合,通过完善顶层设计、推动制度创新,建立地区之间的创新合作机制,优化利益协调机制,为形成区域性的人才国际竞争优势提供制度保障。

一、两大思路

从学理上看,人才国际比较优势的形成是区域一体化的重要内容之一,要以成熟的区域创新网络与区域生产网络为载体,也要以城市群创新空间的形成为基础。过去的文献和实践为长三角创新链、产业链和人才链的深度融合提供了两大思路。

(一)延续传统静态平衡的发展思路

以现有长三角城市规模、行政层级等静态的比较优势为分析依据,采取自上而下的计划、规划等手段,确定各个地区和各个城市在创新平台、生产网络和人才引育上的层级,同时以各区域各城市静态意义上的差异化发展为要求,进行创新资源的配置,以避免重复建设和过度竞争。

(二)动态优化的发展路径

以打造高能级创新平台网络为抓手,结合产业优势与城市特色,长三角全域整体发力,打破产业、区域、行政上的界限。通过区域开放和创新资源共享,加速技术的迭代升级,实现创新空间的动态均衡,呈现创新网络上各个节点平台优势轮动的趋势。

二、三对关系

不管采用何种路径,在当前形势下,长三角要形成人才国际竞争优势,必须处理好三对关系。

(一)平台与平台之间的关系

要通过强化创新平台之间的联动,形成区域整体创新优势,形成长期的、可持续发展的人才国际竞争优势。新时代的创新依靠单打独斗是无法完成的,也是不可持续的。特别是在长三角高质量一体化的大背景下,必须通过创新平台的联动,以长三角城市群的区域整体优势和产业发展前景作为人才引育的着力点,从打造城市群创新空间、优化创新生态等方面建构人才—平台双嵌入体系,以高能级创新平台吸引人才,通过平台整合技术、资金等生产要素,建立科研平台建设、技术研发、创业投资、高新技术企业孵化、人才培养相结合的立体式孵化体系,催生更多的新兴产业就业机会,在推动重大科技成果转化和产业化的过程中,打通"创新—产业—人才"的通路,优化城市群内产业链空间分布格局,实现"人才呼唤人才"的集聚效应,进而确立长三角的人才国际竞争优势。

(二)地区与地区之间的关系

要破除人才流动的行政壁垒,推动人才在不同地区创新平台间的流动,将创新优势扩散到长三角各地,形成国际人才高地。国际经验表明,人才的集聚具有规模效应,往往呈现出"小内核大外围"的特征。内核是指各种高能级创新平台,而外围则包括众多的企业、产业平台、园区,甚至城区。换句话说,聚集尖端人才依赖的是一整个创新体系与创新空间,而且这个创新体系和创新空间是流动的,具有高度的开放包容性,硅谷、东京湾的人才集聚都有赖于此。长三角的过往经验也表明,人才在区域间的共享与流动带来了区域整体创新能力的提升,并进一步吸引了更多的人才在长三角汇聚,形成了层出不穷的高能级创新平台。如20世纪八九十年代,上海大企业派出"星期天工程师",帮助苏南和浙江解决工业生产中的技术问题,催生了蓬勃的"县域经济",也带来了轻纺工业、机械、电器等产业工人的集聚。20世纪90年代,昆山的外资产业园区作为新的创新平台,在对外开放、引进外资、嵌入国际产业链等方面,走在全国的前列,进而带动了长三角发展模式从内向型转向外向型,促使大量高端商务人才集聚在长三角。最近一波创新浪潮来自杭州,数字经济企业在浙江省民营经济集聚发展的大氛围中脱颖而出,杭州借助良好的创新氛围和营商环境,成为国际著名的互联网人才集聚地,并辐射整个长三角乃至全国,极大地改变了产业链和创新链的融合方式,有力地提升了长三角产业链的集成效率和空间效率。

(三)政府与市场的关系

人才国际竞争优势的形成,既要体现国家意志,也要符合市场经济规律。高能级创新平台是政府主导和市场主体相结合的产物,它的发展壮大离不开当地创新环境与创新生态。如浙江大学杭州国际科创中心(以下简称"浙大国际科创中心"),在不到三年的时间里,自行研发设计的"天目1号"超导量子芯片已在量子计算领域显示出了较高的应用价值,而这主要得益于杭州市政府和浙江大学联合打造的科创"特区"。以优化体制机制与提供政策支持的方式,杭州市把地方经济发展与浙大国际科创中心建设紧密结合在一起。浙大国际科创中心不仅是杭州市的一个科技创新基地,也是杭州市经济发展的一部分,通过与当地企业的合作,推动了科技创新和产业升级,同时也为地方经济的发展注入了新的活力。再加上同在一个区位的北京大学信息技术高等研究院,萧山正在逐渐形成一个面向国家区域重大战略和国际科技前沿的创新生态圈。2022年,萧山区常住人口净增5.4万,高能级创新平台在政府与市场双重作用下,对人才集聚的带动作用可见一斑。综上,在推动长三角一体化发展战略深化过程中,一定要处理好"有为政府"和"有效市场"之间的关系,以高能级创新平台支点,撬动创新链、产业链和人才链形成闭环,强化人才资源对平台与地区的黏性,推动长三角成为全国的活跃强劲增长极和具有全球竞争力的世界级大都市群。

第八章 长三角高能级创新平台发展与人才引育现状与问题

第一节 高能级创新平台发展现状

一、一流实验室

截至 2022 年底,长三角地区拥有国家实验室 4 个,分别为张江实验室、浦江实验室、临港实验室、合肥实验室,此外还包括 2 个国家实验室的研究分中心,分别为之江实验室(隶属于上海浦江实验室)、紫金山实验室(隶属于深圳鹏城实验室),实现了长三角三省一市的全覆盖。截止 2023 年 6 月,长三角共有大科学装置 25 个、大型科学仪器 45462 台/套;国家重点实验室 716 家、国家工程实验室 32 家、工程技术研究中心 1465 家、国家工程研究中心 30 家。此外,长三角三省一市还各自发展了与国家实验室相对应的省级实验室,并初步形成强大的实验室及装置设备体系(见表 8-1)。

表 8-1 长三角部分一流实验室名录

类别	名称	所在地	主要研究方向
国家 实验室	浦江实验室	上海	人工智能
	张江实验室	上海	光子科学与科技
	临港实验室	上海	生物医药与脑科学

续表

类别	名称	所在地	主要研究方向
国家实验室	合肥实验室	安徽	量子科技
	之江实验室(隶属于浦江实验室)	浙江	智能计算
	紫金山实验室(隶属于鹏城实验室)	江苏	网络通信与安全
国家大科学装置	上海光源、神光Ⅱ综合实验平台、软X射线自由电子激光试验装置、国家蛋白质科学研究、海底科学观测网、上海超级计算中心、转化医学国家重大科技基础研究设施、上海超强超短激光实验装置、高效低碳燃气轮机实验装置、硬X射线自由电子激光装置、国家肝癌科学中心、活细胞结构与功能成像等线站工程	上海	应用物理、生物医药、海洋科学、能源动力等
	国家超级计算无锡中心、纳米真空互联实验站、高效低碳燃气轮机试验装置、网络通信与安全紫金山实验室	江苏	超级计算、新材料、新能源、网络安全等
	超重力离心与模拟实验装置、超高灵敏极弱磁场和惯性测量装置、多维融合智能感知重大科学装置、智能计算反应堆、新一代工业控制系统信息安全大型实验装置	浙江	应用物理、智能计算、工业控制等
	合肥同步辐射装置、全超导托卡马克核聚变实验装置、稳态强磁场实验装置	安徽	电磁学、核科学等
省级实验室	太湖实验室、钟山实验室、姑苏实验室	江苏	高端装备、生物育种、电子信息材料、生命健康
	良渚实验室、白马湖实验室、湖畔实验室、甬江实验室、瓯江实验室、东海实验室	浙江	脑科学、新能源、数据科学、新材料、医疗材料、海洋科学
	天都实验室、孔径阵列与空间探测安徽省实验室、磁约束聚变安徽省实验室、微尺度物质科学安徽省实验室、先进激光技术安徽省实验室、信息材料与智能感知安徽省实验室等20家省级实验室	安徽	深空探测、电子信息、免疫医学、通信材料

二、一流高校

长三角现有 458 所高等院校,占全国高校数量的 17.1%,是全国高校资源最为集中的地区之一。其中本科类院校 221 所;"双一流"建设高校 35 所,占全国"双一流"建设高校总数的 25.6%;"双高计划"高校 41 所,占全国"双高计划"高校总数的 21.8%。在 2023 年 QS 世界大学排名前 500 位中,长三角有 8 所大学进入榜单,占全国总数的 28.6%(见表 8-2)。

表 8-2　2023 年长三角地区部分一流高校名录

高校名称	软科中国大学综合排名	QS 世界大学排名	所在省份
上海交通大学	4	46	上海
复旦大学	5	34	
同济大学	17	212	
华东师范大学	31	/	
上海财经大学	34	/	
华东理工大学	44	/	
上海大学	48	422	
东华大学	77	/	
上海外国语大学	97	/	
上海中医药大学	97	/	
南京大学	6	133	江苏
东南大学	15	461	
南京理工大学	36	/	
南京航空航天大学	37	/	
苏州大学	40	/	
南京农业大学	51	/	
南京矿业大学	56	/	
南京师范大学	58	/	
江南大学	60	/	

续表

高校名称	软科中国大学综合排名	QS世界大学排名	所在省份
河海大学	61	/	江苏
江苏大学	78	/	
扬州大学	81	/	
南京工业大学	85	/	
南京邮电大学	86	/	
南京信息工程大学	90	/	
浙江大学	3	42	浙江
浙江工业大学	70	/	
宁波大学	84	/	
杭州电子科技大学	91	/	
温州医科大学	93	/	
浙江师范大学	100	/	
中国科学技术大学	7	94	安徽
合肥工业大学	83	/	

三、高水平研发机构

目前,长三角已初步形成以国家技术创新中心为龙头,各省技术创新中心、高校地方研究院为节点的高水平研发机构网络。其中,长三角(国家)技术创新中心(以下简称"长三角国创新中心")是我国三大综合类国家技术创新中心之一。[1] 该中心于2021年6月3日正式揭牌成立,主体为上海长三角技术创新研究院,并由江苏、浙江、安徽等地相关机构共同参与建设,总部位于上海张江科学城。截止到2023年2月,浙江省已经完成二批共计10家省级技术创新中心的布局,江苏省完成5家省级技术创新中心的认定工作,安徽省完成12家省级

---

[1]　另外两个国家技术创新中心分别在粤港澳地区和京津冀地区。

技术创新中心的认定工作。此外,长三角各地还积极依托名校名企资源,成立了一大批研究院(见表 8-3),全力支持地方经济发展。

表 8-3 长三角部分高水平研发机构名单

研发机构	级别	所在地
长三角国家技术创新中心	国家级技术创新中心	上海
江苏省碳纤维及其复合材料技术创新中心、江苏省高端医疗器械、江苏省特种合金技术创新中心、江苏省国家第三代半导体技术创新中心等5家技术创新中心	省级技术创新中心	江苏
浙江省智能工厂操作系统技术创新中心、浙江省绿色智能汽车及零部件技术创新中心、浙江省高端化学品技术创新中心、浙江省现代纺织技术创新中心、浙江省 CMOS 集成电路成套工艺与设计技术创新中心、浙江省智能感知技术创新中心、浙江省飞机复合材料技术创新中心、浙江省激光智能装备技术创新中心、浙江省高档数控机床技术创新中心、浙江省绿色石化技术创新等 10 家技术创新中心		浙江
安徽省环境监测技术与装备技术创新中心、安徽省清洁电力转换技术创新中心、安徽省高性能合金材料制备及成形技术创新中心、安徽省人工智能技术创新中心、安徽省智能分选技术创新中心、安徽省智能机器人先进机构与控制技术创新中心、安徽省智能机器人先进机构与控制技术创新中心、安徽省高端成形机床成套装备技术创新中心、安徽省高端成形机床成套装备技术创新中心、安徽省中药提取技术创新中心、安徽省城市基础设施技术创新中心、农业传感器与智能感知技术创新中心等 12 家技术创新中心		安徽
李政道研究所、上海清华国际创新中心、中科院上海脑科学与类脑研究中心、上海期智研究院、中科大上海量子科学研究中心、上海树图区块链研究院、浙江大学上海高等研究院等	名校地方研究院	上海

续表

研发机构	级别	所在地
北京大学长三角光电科学研究院、清华大学苏州汽车研究院、清华大学无锡应用电子研究院、清华大学苏州环境创新研究院、复旦大学泰州健康科学研究院、中科院苏州纳米所等	名校地方研究院	江苏
浙江大学杭州国际科创中心、浙江清华长三角研究院、北京大学信息技术研究院、北航宁波创新研究院、北航杭州创新研究院、中科院杭州医学研究所、中国科学院大学温州研究院、复旦大学宁波研究院等		浙江
清华大学合肥公共安全研究院、中科院合肥物质科学研究院、上海交大安徽(淮北)陶铝新材料研究院等		安徽

第二节　创新型人才引育现状

一、人才规模

(一)从人才储备规模来看

2022 年,长三角常住人口达到 2.37 亿,人才资源总量超过 4645 万人。其中,上海市人才资源总量达到 675 万人,江苏人才资源总量超过 1400 万人,浙江人才资源总量也超过 1400 万人,安徽人才资源总量超过 1170 万。其中,上海大学(大专及以上)学历人口占人口总数比重为 33.87%,江苏为 18.66%,浙江为 16.99%,安徽为 13.28%,如图 8-1 所示。[①] 2022 年,长三角在校生本科生和研究生人数超过 520 万人,占全国的 23.4%。[②]

---

① 数据来源:各省市第七次人口普查公报。
② 数据来源:各省市第七次人口普查公报。

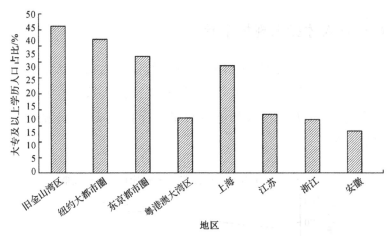

图 8-1 2022 年各地大专及以上学历人口占比比较

数据来源:国际数据来自卢文彬.国际湾区经济发展借鉴[M]// 卢文彬.湾区经济:探索与实践.北京:社会科学文献出版社,2018;粤港澳大湾区数据来自广东社会科学院《粤港澳大湾区建设报告(2022)》;长三角数据米自各省 2022 年统计年鉴。

(二)从人才流动规模来看

高端人才正在加速向长三角集聚。全国人口第七次普查(以下简称七普)数据显示,长三角已经成为国内人口流入的第一阵营,其中,上海专业人才突破 300 万人,高层次人才达到 23.3 万人;浙江高技能人才达到 354.4 万人;江苏专业技术人才达到 830 万人,高技能人才达到 475 万人,安徽专业人才突破 447 万人。① 猎聘网的招聘数据显示,2022 年,长三角吸纳了全国 47.58% 的流动人才,已连续三年领先京津冀地区和粤港澳地区,成为三大城市群之首。

表 8-4 2022 年长三角各地区高等学校数量及本科生、研究生在校人数

地区	高等学校数量	招生人数		在校学生人数		毕业生人数	
		本科生	研究生	本科生	研究生	本科生	研究生
上海	64	103529	77141	405818	231074	92227	55427
江苏	168	651451	94607	2110805	271469	523645	62620
浙江	109	375933	47505	1210296	129860	300419	25512
安徽	121	206594	36847	745625	98600	167216	20530

数据来源:各省市 2022 年统计年鉴。

---

① 数据来源:第七次全国人口普查数据。

（三）从人才投入规模来看

从 2018—2022 的五年时间里,各地的研发人员投入总体呈现上升趋势(如图 8-2、图 8-3 所示)。但各地人员投入数量存在较大的差异。其中,江苏在人员投入的绝对数量上保持领先,上海则在相对数量上更胜一筹。

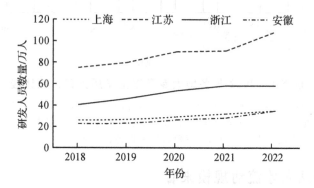

图 8-2   2018—2022 年长三角各省市研发人员数量

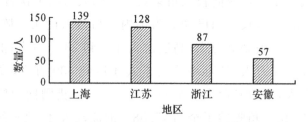

图 8-3   2022 年长三角各省市每万人中的研发人员数量

二、人才结构

（一）从人才层次结构来看

2022 年,长三角总人口占全国人口比重仅为 16.2%,但却拥有 445 名院士,占全国院士总数的 26.1%。2023 年,浙江省新增国家自然科学基金杰出青年项目、优秀青年项目(以下简称"杰青"和"优青")共 74 项,江苏省新增"杰青"50 项,"优青"70 项;安徽省有

120 项进入答辩环节。

（二）从人才年龄结构来看

长三角地区高层次人才平均年龄为 56 岁，对青年人才的吸引力与日俱增。七普数据显示，长三角 40 个地级市中有 15 个城市对青年人才的吸引力非常高，这 15 个城市除上海外，都集中在江苏和浙江。"智联招聘"数据显示，全国对 95 后人才吸引力 50 强城市中，长三角占据 17 席，领先于粤港澳地区和京津冀地区。同时高层次人才的辅助科技人员，如研究测试人员、科技管理与服务人员的队伍也在不断壮大中。

（三）从人才分工结构来看

长三角已经初步形成规模较大的自然科学与工程类科技人才分工梯队。截至 2023 年 8 月，长三角科技人才总数已经超过 636 万人，各类人才的分工结构如图 8-4 所示。

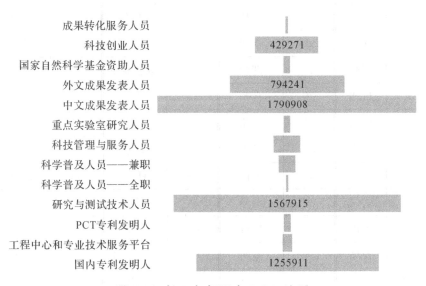

图 8-4　长三角每万人 R&D 比重

数据来源：长三角科技大脑平台。

三、人才空间分布

(一)从人才流入城市来看

上海是长三角最大的人才流入地。"智联招聘"公布的数据显示，2022年，流入长三角的人才中有38.6%的人才以上海为目的地，排在第二梯队的是杭州和苏州(分别为13.35%和10.01%)，宁波、南京、合肥为第三梯队(分别为6.21%、5.23%、和4.78%)，其他长三角16个核心城市为第四梯队，安徽对人才的吸引力还有很大提升空间。在"智联招聘"2022年发布的最具人才吸引力城市100强中，长三角共有25个城市入围，上海、杭州、南京、苏州跻身前十(见表8-5)。

表 8-5 2022 年最具人才吸引力城市 100 强

排序	城市	排序	城市	排序	城市	排序	城市
1	北京	26	温州	51	廊坊	76	乌海
2	上海	27	金华	52	潍坊	77	临沂
3	深圳	28	郑州	53	芜湖	78	嘉峪关
4	广州	29	湖州	54	鄂尔多斯	79	盐城
5	杭州	30	台州	55	贵阳	80	淮安
6	南京	31	福州	56	淄博	81	眉山
7	成都	32	舟山	57	太原	82	新余
8	苏州	33	中山	58	株洲	83	宜宾
9	武汉	34	南通	59	丽水	84	宣城
10	无锡	35	烟台	60	包头	85	盘锦
11	青岛	36	昆明	61	乌鲁木齐	86	玉溪
12	长沙	37	南昌	62	克拉玛依	87	景德镇
13	济南	38	惠州	63	南宁	88	湘潭
14	宁波	39	镇江	64	海口	89	金昌

续表

排序	城市	排序	城市	排序	城市	排序	城市
15	佛山	40	大连	65	拉萨	90	漳州
16	厦门	41	沈阳	66	江门	91	莆田
17	东莞	42	泉州	67	长春	92	保定
18	天津	43	石家庄	68	徐州	93	宁德
19	合肥	44	泰州	69	三亚	94	秦皇岛
20	西安	45	扬州	70	绵阳	95	大庆
21	嘉兴	46	东营	71	唐山	96	银川
22	常州	47	衢州	72	攀枝花	97	连云港
23	绍兴	48	威海	73	德阳	98	兰州
24	重庆	49	马鞍山	74	洛阳	99	日照
25	珠海	50	呼和浩特	75	咸阳	100	宜昌

数据来源:智联招聘。

(二)从人才来源地看

京津冀高层次人才中,出生地在长三角的占比最大,达到 37.3%;长三角的高层次人才中,出生地在华东各地区的最多,占 65%。[①] "智联招聘"的数据显示,2021—2022 年流入长三角的人才中,生源主要来自广东(以深圳、广州为主)和北京,流入人才的毕业院校则以综合类"双一流"建设高校居多。

四、人才政策

2023 年以来,长三角多地放宽落户政策,淡化了学历,更青睐技能,使得长三角的人才发展环境变得更为优越。2023 年 5 月,杭州、南

---

① 数据来源:华东师范大学长三角研究院。

京分别将落户门槛降至大专；浙江省在相关方案中强调要"加强实用型专业技能人才培养"。南京市公安局在官网上发布了关于《南京市人才落户实施办法（修订稿）》公开征求意见的公告。南京此次发布的人才新政，在允许连续缴纳 6 个月以上的 40 周岁以下大专学历毕业生落户的基础上，对其中 35 周岁以下的人员再度放宽了条件，取消了社保缴纳时间的限制，只要缴纳社保即可落户。苏州更新了积分落户的标准，最低积分降至 400 分，创下了历年最低，接近 2018 年最低积分（795 分）的一半。2023 年 7 月，浙江省政府办公厅发布《浙江省推动落实常住地提供基本公共服务制度有序推进农业转移人口市民化实施方案（2023—2027 年）》（以下简称《浙江方案》），全省（杭州市区除外）全面取消落户限制政策，确保外地与本地农业转移人口进城落户标准统一，试行以经常居住地登记户口制度。

第三节　高能级创新平台及人才引育中存在的问题

一、人才一体化顶层设计有待优化

尽管长三角已经成立了长三角区域创新体系建设联席会议办公室（以下简称长创联办），但在人才引育方面还缺乏系统性规划的引导，这至少在三个层面上造成了影响。一是人才引进与培育的市场导向性不明确，各地高能级创新平台在人才引育过程中，存在着一定的盲目性，唯"帽子"现象比较突出，忽略了研究的前瞻性以及与地方经济发展的实际需要。二是各地方在人才政策出台之前，由于缺乏协调与沟通，出现了所谓的"抢人大战"，造成了人才的浪费与错配。三是三省一市之间仍存在较大的行政壁垒，高技术人才和专业技术人才资格往往无法在省市之间实现互认，导致人才跨省流动困难。

二、人才数据库建设相对滞后

长三角已经拥有三省一市科技厅（委）共建的"科技大脑"、长三角国创中心等数字化平台，但长三角人才库的数字化程度相对高能级创新平台的数字化程度为低。目前，三省一市的人才库仍停留在分散和独立的状态，现有的专家数据库往往只建立在个别领域，或只采集个别功能特点，信息"孤岛"现象还比较突出。一方面，加剧了人才市场上的信息不对称，使得重大关键技术的突破缺乏信息储备和战略依据；另一方面，也无法建立起如大科学装置一样的共享机制，造成人才的"隐性"浪费。此外，由于缺乏前置信息，人才"信息孤岛"问题还影响到了科技转化服务人员、科技普及人员等科技服务队伍的建立与完善。

三、创新资源与产业发展的结合度还有待提升

第一，高能级创新平台服务产业发展的能力相对偏弱，科研成果转化率、科研成果商业化水平都有待进一步提升，导致人才资源的作用无法最大化。

第二，人才引育的方式方法还有待进一步与产业发展相结合。如高能级创新平台往往倾向于引进海外高端人才，但这些人才大多是通用型人才，需要较长时间才能与国内或长三角的产业发展相融合。再比如，大多数高能级创新平台在人才引进过程中会与人才签订短期考核目标。这些目标由于脱离生产实际，往往过高过大，给科研人员造成极大的压力，进而导致许多新进人才主动选择"降级"就业，主动"下沉"到次一级平台，导致创新资源错配，降低了创新的效率。

第三，高能级创新平台、高端人才与产业发展高地之间的联系还有待加强。高能级创新平台在地理上往往集中于直辖市、省会城市、计划单列市等行政层级比较高的城市，与产业发达的城市存在着一定程度的分离。从而在地理上客观形成了创新平台、产业平台与人才资源之间的分离。如浙江"415X"确定的 4 个世界级产业集群有 2 个不

在省会城市和计划单列市,15 个省级先进制造业集群中,有一半以上在行政层级较低的城市,这些城市在人才引进上往往不占优势,因此更有赖于高能级创新平台开放宝贵的人才资源,让人才、技术能够真正服务于社会经济发展。

四、人才国际化程度还有待提升

第一,缺少高水平标志性原创成果。尽管长三角的发文数量远超粤港澳和京津冀,但缺少像"麒麟芯片"这样具有标志性和划时代意义的成果,国际影响力有待提升。

第二,从国际合作的角度看,2020 年,长三角高校与研究机构被web of science 检索的论文中,上海、南京、杭州、苏州 4 个地区之间合作发表的论文最多,而与国外作者合作发表的论文数量不到全部外文发表数量的 11.2%,科研的合作更多是"内向型"。

第三,从高校之间的国际联系看,长三角的高水平大学大多与欧美强校有各种不同程度的联系,昆山杜克大学、上海纽约大学、宁波诺丁汉大学,以及浙江大学海宁校区、上海交通大学密歇根学院等都是比较成功的中外合作办学案例。但从师生出国交流率、外国专家来华访学进修等指标上来看,长三角离国际人才高地还有很大一段距离。

第九章 高能级创新平台人才引育案例分析

第一节 旧金山湾区人才引育案例分析

一、旧金山湾区基本情况

旧金山湾区(San Francisco Bay Area,简称湾区)是美国的一个大都会区,位于加利福尼亚州北部。湾区陆地面积 18040 平方公里,人口超过 800 万,占全美人口的 2.3%。世界著名的高科技研发基地硅谷(Silicon Valley)即位于湾区南部。旧金山湾区是世界上最重要的高新技术研发中心之一和美国西海岸最重要的金融中心。

旧金山湾区是全美经济最繁荣的地区之一,2021 年旧金山湾区GDP 超过 1 万亿美元。人均 GDP 为 10.8 万美元,远高于同期纽约湾区的 7.3 万美元、长三角地区的 1.8 万美元。在如此高发展水平的基础上,旧金山湾区经济仍保持了较高增速。2020—2021 年,旧金山湾区所属的旧金山和圣克拉拉统计区在全美所有统计区中增速最快,分别为 14.0% 和 13.3%。①

---

① 数据来源:Bureau of Economic Analysis(前瞻产业研究院)。

二、旧金山湾区的创新平台

(一)综合性大学与实验室

旧金山湾区之所以成为全球创新中心和高新技术产业集聚区,离不开完善的高新技术产业创新体系。大学、实验室与企业共同构建起了湾区以创新为核心的动力循环机制。该创新体系的突出特征主要体现为高新技术产业内的产学研之间形成的协同创新体系。高科技企业是湾区创新的最大主体,它们为大学提供了相当部分的实验室经费,大学作为实验室建设的助力,积极参与实验室的管理,倡导并推动跨学科的合作研究,研究型大学之间往往会共建联合实验室。作为世界最重要的科教文化中心之一,旧金山湾区拥有的世界著名高等学府,包括公立型的加州大学伯克利分校和私立型的斯坦福大学,以及世界顶级医学中心加州大学旧金山分校。截至 2021 年 4 月,超百位诺贝尔奖得主(加州大学伯克利分校 110 位、斯坦福大学 84 位、加州大学旧金山分校 10 位)和众多菲尔兹奖得主(加州大学伯克利分校 14 位、斯坦福大学 8 位)、图灵奖得主(斯坦福大学 29 位、加州大学伯克利分校 25 位)曾在湾区求学或工作,亦有数百位奥运会冠军从这里走出。

湾区不仅汇聚了众多综合实力雄厚的院校,还孕育了多个综合性研究型实验室。许多实验室虽然所有权归属于美国联邦政府,但管理权却完全归于大学。在此模式下,美国联邦政府会与负责实验室运行的大学签订详尽的管理与运行合同,尽管联邦政府不插手实验室的人事任免、成果鉴定等日常事务,但实验室的战略目标、科研方向均由联邦政府负责,且联邦政府为实验室的运行提供经费支持。如著名的 SLAC 国家加速器实验室,就位于斯坦福大学校园内,且由斯坦福大学负责运营。这样的管理架构不仅确保了实验室的高效运作,也促进了产学研之间的深度融合,为旧金山湾区的高新技术产业发展注入了强大动力。

表 9-1　旧金山湾区高水平大学与实验室

序号	学校名称	实验室名称
1	斯坦福大学	劳伦斯伯克利国家实验室
2	加州大学伯克利分校	劳伦斯利弗莫尔国家实验室
3	加州大学戴维斯分校	航空航天局艾姆斯(Ames)研究中心
4	加州大学旧金山分校	农业部西部地区研究中心
5	加州大学圣克鲁兹分校	斯坦福直线加速器

作为运行管理的主要机构,研究型大学在实验室长期的基础研究项目中发挥着举足轻重的作用。它们致力于营造一个优质的科研环境,进而吸引具备高水准科研能力的学术人才和团队,为跨学科技术难题的解决提供平台与智力支持。同时,研究型大学还具备聘请相关领域的世界级专家,对实验室研究人员的工作进展和成果进行专业评价的条件。这种研究型大学参与国家实验室管理的模式,无疑为双方带来了显著的互利共赢效果。具体来说,可以总结为以下五点。

1.人才、科研项目与科研设备一体化体系的构建

在科技创新的征程中,人才、科研项目与科研设备三者密不可分。美国的国家实验室以其卓越的科研设备为基石,承载起了探索未知、攻克难题的重任。这些设备不仅具备高精度、高稳定性的特性,而且能够覆盖多个科研领域,为国家实验室在复杂、高难度的科研项目上提供了坚实的物质基础。

与此同时,大学作为人才的摇篮,源源不断地为国家实验室输送着优秀的科研人才和团队。特别是面对跨学科科研项目时,研究型大学能够凭借其学科齐全、人才储备丰富的优势,迅速调配不同学科的顶尖人才,为项目的顺利推进提供强有力的人才保障。

实验室与大学的紧密结合,使得科研人员可以在大学校园内享受到便捷的交流和合作平台。这种一体化的体系不仅促进了科研人员之间的知识共享和经验交流,也加速了科研成果的产出和转化,为科研创新注入了源源不断的动力。

2.开放的科技资源共享策略的实施

美国的国家实验室在研发大型科学实验设备方面发挥着举足轻重的作用。这些设备往往具有高度的专业性和先进性,是科研领域不可或缺的重要资源。得益于国家的资金支持,国家实验室得以不断研发出新的先进科技实验设备。为了充分发挥这些设备的效用,实验室采取了对外开放的策略。大学的科研人员只需经过规范的申请程序,即可使用这些设备进行科技研发和实验。这种开放机制不仅提高了设备的使用效率,也避免了资源的浪费和重复建设。同时,开放的科技资源共享策略也促进了科技设备在科研领域的最大化利用。科研人员可以根据自己的研究需求选择合适的设备进行实验,从而加速科研进程,提高科研成果的质量。

3.科研人员在大学与实验室间自由流动机制的推动

为了打破学术壁垒,促进科研创新,湾区的大学和国家实验室之间建立了科研人员自由流动的机制。这种机制使得科研人员可以在大学和实验室之间自由流动,根据研究需求选择适合自己的工作环境。例如,加州大学伯克利分校的科学家可以与伯克利国家实验室的科学家共同开展科研项目,实现资源共享和优势互补。加州大学伯克利分校还为伯克利国家实验室的科学家授予荣誉教授称号。这种跨界的荣誉不仅体现了对科研人员的认可,也进一步促进了双方的交流与合作。

此外,加州大学的研究生还可以同时接受大学和实验室两位导师的指导,并在实验室进行科学实验。这种双重导师制度为学生提供了更广阔的学术视野和实践机会,有助于培养具有创新精神和跨界合作能力的新一代科研人才。

4.大学与实验室在跨学科领域合作的深化

湾区的大学与国家实验室在跨学科领域展开了深度合作,共同探索未知领域,攻克科研难题。以 SLAC 加速器实验室为例,其天体物理学和光子科学两个分部的研究人员大部分同时被斯坦福大学聘用。

这种合作模式使得研究人员可以在大学与实验室之间无缝切换，充分利用双方的资源和优势进行科研工作。这种深度的合作不仅加强了双方在跨学科领域的交流与合作，也推动了相关领域的科研进展。通过深化大学与实验室在跨学科领域的合作，可以共同攻克科研难题，推动科技创新。这种合作模式有助于打破学科壁垒，促进不同领域之间的知识交流和融合，从而推动科研事业的全面发展。

5.构建创新网络

湾区的产学研一体化将大学、实验室和产业界紧密地结合在一起，形成一个高效运转的创新网络。在这个网络中，大学提供人才和理论知识支持，实验室提供科研设备和实验平台，产业界则提供市场需求和应用场景。三者相互依存、相互促进，共同推动科技创新的不断发展。通过产学研一体化创新网络的构建，可以加速科研成果的转化和应用，推动科技创新与经济社会发展的深度融合。同时，这种体系也有助于培养具有创新精神和实践能力的人才，为美国科技与创新的长远发展提供了有力支撑。

(二)交叉学科研究

随着科学技术的不断进步，人们对未知的领域探索也越来越广泛，但是最具有挑战性的科学难题往往是单个学科的专业知识无法独立解决的，这就对科学家和相关领域的研究人员提出了更高的要求，需要他们具有多学科的专业知识储备去解决这些具有挑战性的问题。其中，斯坦福大学的 Bio-X 计划是近年来交叉学科和跨学科研究的典型案例，它不仅提升了实验室的综合科研能力，更在推动科技创新和满足高科技公司人才需求方面发挥了关键作用。

Bio-X 计划的核心在于打破学科壁垒，促进人文学科、社会科学、基础科学、工程学和医学等多个学科的深度融合。这种跨学科的协同创新模式，旨在解决生物科学领域日益复杂的技术难题与挑战。通过汇聚不同学科的智慧和资源，Bio-X 计划为研究者提供了一个全新的视角和方法论，使他们能够更深入地探索未知领域，推动科技创新。

该计划的实施方式多样且富有成效。首先,Bio-X 计划通过设立高级研究院项目和跨学科行动项目,为研究者提供了广阔的科研平台和资金支持。这不仅吸引了大量优秀的研究者加入,也催生了一系列具有创新性和影响力的科研成果。其次,计划还设立了博士研究生奖学金,鼓励博士生进行跨学科的项目研究,从而培养了一批具备跨学科素养和研究能力的高层次人才。

为了进一步加强学科间的交流与合作,Bio-X 计划还创建了克拉克中心这一跨学科研究创新协作平台。克拉克中心不仅聚集了物理、生物、化学、医学和工程等多个学科的研究者,还为他们提供了先进的科研设备和优质的研究环境。这种集聚效应使得研究者能够更方便地进行学术交流与合作,从而加速了科研进展和创新成果的产出。

斯坦福大学对 Bio-X 计划的实施投入了大量的人力和物力,不仅提供了巨额的科研经费用于购买先进的科技研发设备,还积极引进和培养跨学科的研究人才。这些措施为 Bio-X 计划的顺利实施提供了有力保障,也使得该计划能够在全球范围内产生广泛影响。

正是基于 Bio-X 计划独特的跨学科研究理念和创新的实施方式,许多现实的科学问题得到了快速解决。以 2012 年诺贝尔化学奖得主布赖恩·科比尔卡(Brian Kobilka)为例,他正是通过跨学科的科研团队解决了关于 G 蛋白偶联受体功能方面的难题,为生物学领域的研究开辟了新的道路。这一成功案例充分证明了跨学科研究在推动科技创新和解决复杂科学问题方面的重要作用。

Bio-X 计划不仅提高了生物科技领域的研究水平,还满足了高科技公司对跨学科复合型人才的需求,为斯坦福大学赢得了世界级的声誉。在未来,随着科技的不断进步和社会需求的不断变化,跨学科研究将继续发挥重要作用,而 Bio-X 计划也将继续引领这一领域的发展。

(三)高科技企业平台

2021 年《财富》世界 500 强企业中有 12 家来自旧金山湾区,数量位居全美第三,仅次于纽约湾区、芝加哥湾区。截至2022年底,旧金山湾区共有独角兽企业270家,是全球独角兽企业最为集聚的地区。独角兽企业的大量聚集也说明旧金山湾区的创新和企业培育能力在全球范围内都是首屈一指的。

旧金山湾区核心区域硅谷诞生于1938年,以斯坦福大学毕业生休利特和帕卡德创立惠普公司为标志。随后硅、晶体管、集成电路、互联网等产业在此成长和繁荣,引领世界科技创新创业风潮,培育了仙童半导体、英特尔、AMD、思科、谷歌、苹果、Facebook等一大批世界科技龙头企业。2023年硅谷十大科技公司分别为苹果、谷歌、特斯拉、英特尔、Meta、英伟达、ORACLE、思科、惠普、高通。其中,苹果、特斯拉、Meta、ORACLE分别跻身2023全球最具创新能力企业第1、2、16、22名。

以硅谷为中心,旧金山湾区曾经是军事电子产品的生产重镇。然而,随着半导体、微处理器以及基因技术的崛起,湾区的高技术产业格局发生了显著变化。如今,信息技术和生物技术已成为这里的主导产业,涵盖了计算机与电子产品、通信、多媒体、生物科技、环境技术等多个领域。同时,银行金融业和服务业也在这里蓬勃发展,为湾区的经济贡献了重要力量。

20世纪80年代,为应对日本的半导体产业冲击,湾区的科技型企业自发形成了企业联盟机制,将湾区内众多分工各异的高科技企业紧密地联系在一起,通过资源共享、协作创新,促进了企业间的资源共享与风险共担,推动了整个湾区的科技产业持续繁荣。

企业联盟机制的首要作用在于实现资源共享与风险共担。湾区内的高科技企业,无论规模大小,都能在联盟中找到自己的定位,为其他企业提供优势技术及市场服务。而核心企业则慷慨地将自身资源、市场份额和产业技术分享给下游企业,形成了一种互利共赢的局面。这种资源的共享不仅降低了企业间的交易成本,还使得企业能够共同面对风险,共享收益,从而提高了整个湾区的产业竞争力。

企业联盟机制的一大亮点是资源共享。由于湾区内的高科技公司地理位置相对集中,便于企业间相互分享生产技术和市场信息。这种资源共享的模式,不仅降低了企业的运营成本,也提高了资源的利用效率。同时,企业间共同承担风险与收益,增强了整个联盟的稳定性和凝聚力。

更为重要的是,企业联盟机制促进了企业间的协作创新。在联盟内,核心企业的技术创新能够迅速带动其他企业的技术升级,形成了一种良性的技术创新循环。这种协作效应不仅加快了科技创新的速度,还提高了创新的质量和深度。正是有了这样的机制,旧金山湾区才能不断涌现出引领全球潮流的科技产品和解决方案。

哈佛大学的学者对硅谷和128号公路科技园区的比较研究进一步印证了企业联盟机制的重要性。硅谷之所以能够保持长久的繁荣和活力,很大程度上得益于其独特的社会关系网络和企业文化。这种非正式的社会关系网络使得企业之间能够轻松交流、分享最新资讯,从而激发出新意念、新思维。而128号公路科技园区则因为固守传统、缺乏高流动性、高联系的社会关系结构而逐渐衰落。

此外,旧金山湾区企业联盟还孕育了独特的创新创业文化。推门文化、工程师文化和试错文化等,都为年轻的技术人员和创业者提供了广阔的舞台,鼓励他们勇于挑战、敢于尝试,不断推动科技创新向前发展。

总之,旧金山湾区企业联盟机制是一种高效、灵活的创新模式,它通过资源共享、协作创新以及独特的创新创业文化,为湾区的科技发展注入了强大的动力。这一机制不仅提升了湾区内企业的竞争力和创新能力,也为全球科技产业的发展树立了典范。

三、旧金山湾区的人才来源与分布

湾区集聚了众多高科技公司,仅硅谷一地,就有超过167万名来自美国各地和世界各国的科技人员。外国移民是旧金山重要的人才来源。湾区高水平大学云集,文化氛围包容多元,加上在大多数年份,赴美工作签证制度相对比较宽松,使加州成为高端人才到美国落脚的第一站。以硅谷为例,尽管总体人口规模呈现出下降趋势,但外国人口比例仍在上升。2022年,硅谷人口中有39％出生在美国以外的国家,远远高于美国全境14％的平均水平,庞大的外国移民群体在整个湾区形成了高度开放和国际化的工作和生活环境,进而吸引了源源不断的国际人才流入。

2022年,硅谷从国外引入人才1万多人,在2020—2022年的三年间,硅谷的外国移民人数为4.2万人,年均1.3万人。与此同时,由于生活成本(主要是房价)过高等原因,硅谷2020—2022年三年间在美国国内的人口流动却呈现净流出状态,净流出总人数约为10万人,年均净流出3.3万人,其中2021年流出人口增长幅度上升,净流出近5万人。①

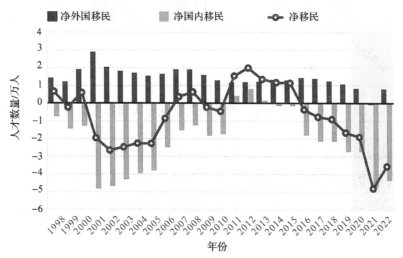

图 9-1　1998—2022 年旧金山湾区人才流动情况

资料来源:《硅谷指数 2023》。

从具体从事的产业来看,伴随着产业的扩张,高新技术服务业和信息产业从业人员比重稳步上升,2019年达到历史最高点:高新技术服务业从业人员由1990年的7.9％上升至2019年的16.1％,增加了

---

① 数据来源:《硅谷指数 2023》。

近 9 个百分点;信息产业从业人员由 1990 年的 2.9% 上升至 2019 年的 5.8%,增加了近 3 个百分点。而制造业从业人员占比不断下降,从 1990 年的 15% 左右下降到 2019 年的 9% 左右,下降了 6 个百分点(如图 9-2 所示)。①

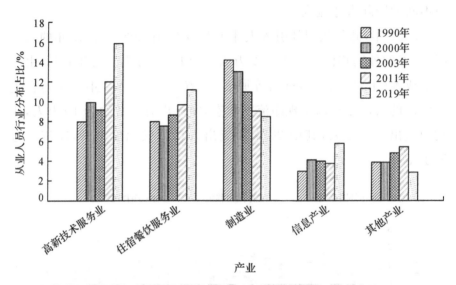

图 9-2　典型年份旧金山湾区从业人员行业分布

从从业人员所属行业来看,旧金山湾区从业人员中的计算机和数学、商业金融、管理等领域人员占比明显高于全美范围平均水平,分别为 4.5%、5.7%、6.5%,而全美范围的平均占比分别为 3.0%、5.3%、5.3%。②

四、旧金山湾区人才竞争优势

众多稳定成长的大型成熟企业,其高水准的研发投入与产出,为人才的职业技能精进和职业生涯的顺利发展创造了得天独厚的环境。在旧金山湾区的 73 所大学中,有 5 所是高水平研究型大学,享有世界

---

① 数据来源:《2020 粤港澳大湾区域旧金山湾区人才流动趋势白皮书》。
② 数据来源:《2020 粤港澳大湾区域旧金山湾区人才流动趋势白皮书》。

级声誉,这些大学同时也拥有 5 个国家级研究实验室,是旧金山湾区创新体系的核心组成部分。其他高校中,州立大学包括索诺马州立大学、旧金山州立大学等,是培养学历为学士和硕士的工程师的主要来源;社区大学包括拉诺社区大学等 26 所大学,主要为产业提供技术工人,以及对还未就业或者需要技术更新的工人提供再教育和技术培训。大学与企业建立了多样化的协作机制,包括合作研究、委托研究、人才合作培养、企业咨询、数据共享、设备租赁等多种形式,多个主体共同参与的校企合作形式。

作为迄今为止最成功的人才集聚区、创新发源地,位于旧金山湾区的硅谷或许可以为大家提供一些关于人才竞争优势的线索。尽管特区融合了基础设施、科技园区、风险投资、几所大学和风险资金等硬件因素,但这些因素的简单相加并不等同于硅谷。这些只是硅谷众多有形因素中的一部分,硅谷的成功远不止于此。圣何塞(San Jose,又称圣荷西)是硅谷的商业与研发中心,拥有"硅谷之心"这一美誉,是圣塔克拉拉县的首府,也是加利福尼亚州第三大城市,云集了 Apple、PayPal、Intel、Yahoo、eBay、HP、Fire Fox、Google 等世界知名的大型高科技公司。圣何塞经历了从农业基地向工业城市的转型、硅谷的经济重心南移、20 世纪 90 年代末的网络经济破灭等变化,最终获得了他人所无的技术优势、知识优势、创业优势和人才优势,持续担当着全球知识经济的先锋角色。所以,探讨圣何塞吸引和培育人才的优势能够为我国建设世界人才中心城市提供经验借鉴。

总的来说,圣何塞在人才引进上的经验主要体现在明确高科技立市战略、打造宜居创业环境、整合资源促进产学研一体化、开放包容打造多元文化人才库、提升人力资本水平以及健全风险投资机制等方面。这些经验对于其他城市来说具有重要的借鉴意义,有助于推动城市经济的转型升级和创新发展。

第一,明确高科技立市战略,吸引科技人才。圣何塞明确高科技立市的发展战略,通过政策引导、立法保障和税收优惠等措施,倾力打造专业化、精细化和社会化协作的高科技产业链。这种战略定位不仅提升了高科技产业的竞争力,也吸引了大量科技人才前来聚集,形成了人才与产业相互促进的良性循环。

第二,打造宜居创业环境,提升人才吸引力。圣何塞注重优化城市环境,打造宜居创业城市。市区整洁优美,城市规划科学,市政设施配套齐全,交通网络发达,为人才提供了良好的工作和生活环境。同时,圣何塞还注重社会治安的维护,为人才提供安全稳定的社会环境。这些举措极大地提升了圣何塞对人才的吸引力。

第三,整合资源,促进产学研一体化。圣何塞地处硅谷核心区域,拥有丰富的科技研发资源。为充分发挥这些优势,圣何塞积极整合区域内的科研机构、高校和人才资源,促进产学研一体化发展。通过加强产学研合作,圣何塞成功吸引了一批高端创业人才,为城市的创新发展提供了强大动力。

第四,开放包容,打造多元文化人才库。圣何塞以开放包容的态度接纳来自世界各地的高素质人才,文化的多元性使得城市迸发出持久的创新活力。圣何塞高科技人员中外来移民占比高,他们带来了不同的文化背景和专业技能,为城市的创新发展注入了新的活力。

第五,提升人力资本水平,推动技术创新。圣何塞注重提升人力资本水平,通过教育、培训等方式提高劳动力的素质和技能。该市劳动力受教育程度高,拥有大量受过高等教育的人才,为企业技术创新和经济发展提供了有力支持。同时,圣何塞还鼓励企业实行期权分配等激励机制,激发人才的创新活力。

第六,健全风险投资机制,支持人才创新创业。圣何塞积极健全风险投资机制,通过出台相关立法、成立风险投资协会等措施,为人才创新创业提供资金支持。成熟的风投机制极大地推动了圣何塞高科技产业的发展,为人才创新创业提供了有力保障。圣何塞每年吸收的风险投资占全美很大比例,这些资金为科技创新成果的产业化提供了重要支持。

第二节 粤港澳大湾区人才引育案例分析

一、粤港澳大湾区创新情况

2020 年,粤港澳大湾区发明专利公开量 36.59 万件,为东京湾区的 2.39 倍、旧金山湾区的 5.73 倍、纽约湾区的 7.85 倍,在 5G、人工智能等领域具有领先优势,5G 基站数和专利数量、国家级工业互联网跨行业领域平台数量等均居全国第一。中国信息通信研究院数据显示,2021 年华为、中兴、OPPO 的全球 5G 必要标准(SEP)总数分别占全球总量的 14%、8.3% 和 4.5%,分列全球第一、第五和第九位,粤港澳大湾区成为全球 5G 发展高地。① 截至 2022 年 2 月,粤港澳大湾区有散裂中子源、空间环境地面模拟装置深圳拓展设施、空间引力波探测地面模拟装置、脑模拟与脑解析设施、合成生物研究设施等国家级大科学装置,综合性国家科学中心获批建设。截至 2022 年 2 月,粤港澳大湾区已布局国家实验室 2 个(全国共 9 个)、国家重点实验室 50 个(其中广东省 30 个、香港 16 个、澳门 4 个)、省级实验室 10 个。在科技产业创新平台方面,累计获国家批复建设国家级创新中心 3 个、国家工程研究中心(工程实验室)22 个、国家地方联合工程研究中心 45 个。在国家高新技术企业方面,粤港澳大湾区拥有 5.61 万家国家高新技术企业,超过排名第二的江苏近 2 万家。科技设施和科技企业根基坚实,具备显著优势。多元化的教育资源以及实验室与科研机构的高度集中,为创新创业的蓬勃发展提供了坚实的人才与科技支撑。

---

① 数据来源:《全球 5G 标准必要专利及标准提案研究报告(2023)》。

二、粤港澳大湾区创新人才来源

大湾区的人才创新来自其丰富的国际化高校资源、高水平的重点实验室与科研机构，以及不断推陈出新的企业创新平台资源。这些要素相互交织、共同作用，为大湾区构建了坚实的人才创新基础，共同构成了湾区人才创新的强大支撑体系，为湾区的科技创新和经济发展提供了源源不断的动力。

(一)大学集群

粤港澳大湾区拥有众多世界级和地区级的大学集群，这是其人才创新的重要源泉。截至 2022 年末，湾区高校数量已达 173 所，其中不乏世界百强大学。这些高校不仅为湾区提供了大量的优秀学子，还为科研创新提供了源源不断的动力。港澳高校的国际化特色和学科领先水平与广东高校的本土化和市场化优势相结合，为湾区的高校集群建设提供了独特的支持。随着粤港澳三地高校科研合作的不断深化，科技创新资源的优势互补和共建共享机制日益完善，为湾区建设提供了强有力的科技支撑和人才支持。

(二)高水平实验室与科研机构

粤港澳大湾区拥有众多高水平的重点实验室与科研机构，这是其人才创新的又一重要支撑。这些实验室和科研机构在各自领域内具有深厚的学术积淀和科研实力，为湾区提供了大量的科研成果和创新技术。同时，这些机构还吸引了大量的科研人才，为湾区的人才创新提供了坚实的人才基础。

(三)企业创新平台

粤港澳大湾区丰富的企业创新平台资源也是其人才创新的重要来源。大湾区拥有一批世界 500 强企业和独角兽企业，如华为、腾讯、比亚迪等。这些企业在各自领域内具有领先的创新能力和市场影响力,不仅为湾区带来了大量的经济效益,还为人才创新提供了广阔的平台和机会。同时,这些企业还积极与高校、科研机构合作,共同推动科技创新和人才培养。

三、粤港澳大湾区人才集聚动力

(一)招才引智政策

在粤港澳大湾区的发展进程中,政府高度重视人才政策的制定与实施,将其作为推动人才流动与集聚的关键力量。广东省从六个方面着手,包括探索人才发展体制机制改革、优化海外高层次人才创新创业环境、构建广东特色职称制度以及推出人才优粤卡政策等,为粤港澳大湾区提供了全面而有力的人才政策支持。2022 年,深圳在全国率先探索深港联合招收培养博士后,进一步整合了区域整体创新资源。

同时,各城市根据其在湾区内的定位与主导产业特点,制定了各具特色的人才政策。例如,澳门着力推动金融保险、中葡双语、海洋经济和创新型人才的培养,优化海外人才回流的政策环境;香港则实施了"科技人才入境计划";珠三角其他九市也积极推出了一系列引人注目的招才引智计划,如广州的"羊城人才计划"和"红棉计划",深圳的"鹏城英才计划"和"鹏城孔雀计划",珠海、中山、惠州和东莞等城市也分别推出了各自的"英才计划"和特色人才政策。通过这些创新举措,如人才立法、共有产权房、人才绿卡和政府猎头等,构建了一个在全国具有领先优势的多层次人才体系,为新一轮的发展奠定了坚实的基础、注入了新的活力。正是基于这些特殊的人才政策,珠三角九市的高技能人才占整个广东省的 70％以上。

(二)吸引留学人员

粤港澳大湾区通过实施前瞻性的人才政策、构建优质的发展环境、提供全方位的服务保障以及实施留学人才创新创业专项政策等措施,成功吸引了大量留学人才前来发展。这些留学人才的加入为湾区的经济社会发展注入了新的活力和动力,进一步巩固了湾区在全球人才市场的竞争地位。

一是依托前瞻性人才政策与卓越环境,增强对留学人才的吸引力。粤港澳大湾区通过实施一系列前瞻性的人才政策,成功构建了一个优质的发展环境,显著增强了对留学人才的吸引力。湾区通过建立完善的人才信息库和工作站网络,精准定位并吸引全球范围内的优秀人才。同时,通过举办大型海外人才交流大会等活动,为留学人才与国内企业和机构搭建起高效沟通与交流的平台。这些举措不仅提升了湾区在全球人才市场中的竞争力,也为留学人才提供了广阔的发展空间和无限的职业机遇。

二是构建全方位服务保障体系,为留学人才提供坚实后盾。粤港澳大湾区深知人才发展的重要性,因此致力于构建全方位的服务保障体系,为留学人才提供坚实后盾。通过搭建人才大数据平台,湾区能够精准掌握留学人才的动态和需求,为他们提供个性化、精准化的服务。此外,湾区还积极整合政府、侨办、侨联等多方资源,共同为留学人才提供包括就业指导、创业扶持、生活服务等在内的全方位支持。这些举措为留学人才在湾区的发展提供了有力保障,使他们能够安心扎根、施展才华。

三是实施留学人才创新创业专项政策,激发创新活力与创业热情。为了激发留学人才的创新活力与创业热情,粤港澳大湾区专门实施了留学人才创新创业专项政策。这些政策不仅为留学人才提供了丰厚的资金支持,还为他们提供了便捷的创业服务和优惠政策。此外,湾区还积极探索离岸创新创业基地的建设,为留学人才提供国际化、高水平的创新创业平台。这些举措有效降低了留学人才创新创业的风险和成本,进一步激发了他们的创新潜力和创业动力。

在2022年的全球人才竞争力指数排名中,全球共有175个城市被纳入了考量范畴,粤港澳大湾区表现抢眼,共有香港、深圳、广州、珠海等四个城市跻身榜单之中。近年来,大湾区在留学人才引进方面取得了显著进展,这一趋势在近十年的相关调查中得到了充分体现。留学人才对于在大湾区发展的意愿呈现出递增趋势,而深圳和广州更是成为了留学人才创新创业的热门选择。

以深圳为例,根据《2020 年深圳人才竞争力报告》的数据,近年来深圳引进的海外留学人员数量呈现出稳步增长的态势。从 2016 年的 1.1 万人,到 2017 年的 1.8 万人,再到 2018 年的 2.1 万人,直至 2019 年的 2.29 万人,这一数字的增长趋势十分明显。截至 2021 年,深圳已成功引进了超过 16 万的留学人员,充分展示了其在吸引全球人才方面的强大实力。[①]

(三)自贸区提供制度先试先行

粤港澳大湾区拥有广阔的自贸区域,主要包括广州南沙新区、深圳前海蛇口片区和珠海横琴新区片区等自贸片区,统称为广东自贸区。与其他自贸区相比,广东大湾区的自贸片区更加注重与港澳地区的深度合作,通过深入推进粤港澳服务贸易自由化以及推动金融领域的开放创新,实现资源的优化配置和共享。这种深度合作不仅加强了粤港澳三地的人才流动和交流,也进一步提升了广东自贸区在人才发展上的竞争力。

在与港澳等境外人才政策的实施上,广东自贸区采取了从试点地区突破、再到大湾区复制推广的策略。这种策略既确保了政策的稳定性和可行性,又能够在大范围内推广成功经验,实现人才政策的优化和升级。目前,各个自贸片区在港澳及外籍高层次人才出入境、停居留等方面给予特殊政策,同时也在多个领域探索取消或放宽对港澳投资者的准入限制,进一步释放了经济产业发展的活力。

---

① 数据来源:《2020 深圳人才竞争力报告》。

正是由于实施了以上创新政策,广东自贸区在人才合作方面取得了显著成果。在粤港澳人才合作示范区内工作的港澳居民可以免办《台港澳人员就业证》,这一政策的实施不仅简化了港澳人才在内地就业的手续,也进一步促进了粤港澳三地的人才交流和合作。目前,这一政策已经覆盖全国,为港澳人才在内地的发展提供了更加广阔的空间和机会。

第十章 以高能级创新平台为载体提升长三角人才国际竞争优势的思路

长三角高能级平台承担着服务新时代国家科技创新体系和战略科技力量建设，围绕国家重大需求及关键核心问题，主动对接国家战略性科学计划和科学工程的战略任务。各平台亟须通过凝练引领性创新研究主题，超前部署一批前沿科学问题攻关，支持推进一批"非共识"创新研究，组织开展基础性、前瞻性、战略性创新研究，提升平台承担国家重大科研任务能力。为实现这一目标，需从以下几个思路出发提升长三角高能级平台人才的国际比较优势。

第一节 立足高质量一体化，扩大长三角人才集聚规模

一、完善长三角人才发展顶层设计

长三角地区作为中国经济的重要引擎，人才发展的顶层设计具有至关重要的作用。为此，应从政策和制度设计方面入手，推动长三角人才发展的全面提升。长三角各地区在人才发展规划时可以充分协商，明确不同地区的人才需求和优势。通过制定协同规划，避免因为盲目竞争而导致人才流失。同时各省市可以在人才发展上进行差异

化定位,侧重各自的优势领域。避免过于一致的发展方向,减少竞争冲突。通过建立长三角人才资源共享机制,各地区可以共同分享人才培养、创新创业平台等资源,避免因为资源不足而相互竞争。制定引导性的人才引进政策,鼓励人才选择最适合自己发展的地区。避免不合理的激励导致大规模抢人现象。并且通过合作共建跨地区的创新中心,为人才提供共同的研发平台,避免因为各地单独建设而重复投入。长三角地区各级政府可建立高级别人才政策协调机制和联席工作机制,确保人才发展政策的一致性和协调性,避免人才因政策差异而出现过渡政策"移民"。

二、建立人才认定标准互认互通机制

为协调长三角地区人才工作战略,可以由各省市联合设立人才认定标准互认互通的专门机构或联席工作制度,负责协调和推动跨地区的人才认定工作。通过各地区政府、高校、研究机构等共同参与制订统一标准,形成适用于整个长三角地区的人才认定体系,确保标准的科学性、公正性和可操作性。标准体系既可以涵盖学历、职称、技能认定,也可以包括人才的产业分类、技术归口等方面。通过设立跨地区的人才信息共享平台,汇集各地区的人才认定标准、流程等信息,为人才提供便捷的查询和申请服务。利用在线申请系统,使人才可以在网上提交申请,允许异地认定机构协同审核和审批,提高效率。长三角地区可以共同举办认定人员培训课程,确保各地认定人员具备相同的标准和认知,减少认定差异。长三角地区人才认定机构或联席会议应定期评估人才认定标准互认互通机制的实施效果,根据实际情况进行必要的调整和优化。

三、构建长三角"人才大脑"

长三角地区可以借鉴产业大脑的思想,构建一个集成的、智能化的"人才大脑",实现人才资源的合理配置和共享,推动整个地区的人才发展和经济增长。通过建立统一的人才信息平台,整合长三角地区各城市的人才数据,包括学历、技能、职业等信息,实现人才信息的共享和互通。进而利用大数据分析技术,深入了解各地不同产业领域的人才需求,预测未来的人才趋势,为人才培养和引进提供有针对性的指导。并且借助人工智能技术,开发智能匹配系统,将人才需求与人才库中的个体能力进行匹配,实现更精准的人才推荐。根据大数据实时分析的人才技能缺口,推送定制化的培训方案,帮助人才提升所需的技能,适应产业发展的需求。利用人才大脑通过数据分析和智能匹配,精准引进各个层次、各个领域的人才,实现不同类型人才的规模扩大。最后利用人才大脑的技术外溢,为产业和企业的技术创新提供赋能,推动各地区之间的技术共享和合作,促进创新创业的发展。长三角地区各级政府也可以借助人才大脑的技术手段,实现政策信息的智能化推送,让人才更容易了解各地的政策支持和优惠措施。

第二节　立足产业国际比较优势,优化长三角人才结构

一、以科技与产业前沿为引领,建设梯度型人才体系

长三角地区在构建梯度型人才体系方面,应以科技与产业前沿为引领,积极推动多层次、多类型人才的培养和引进。第一,通过加强高校与企业的合作,定制课程满足基础人才需求,同时设立产学研合作基地,培养实践经验丰富的人才。第二,设立海外招聘中心,吸引海外人才回归,建立海外人才交流活动,促进跨界合作。第三,通过制定吸引外籍人才的政策、设立国际人才交流中心,引进具有国际视野的外籍人才。为实现人才梯队建设,从初级到高级建立多层次发展路径,设立激励政策,推动人才晋升。第四,设立产业研究中心,紧密关注产业前沿,培养与产业需求相符的人才。在多层次的人才梯队基础上,

通过建立导师制度作为重要支持,设立导师培训项目,提升导师和青年人才的协作创新能力。第五,与国际高校和研究机构合作,引入国际前沿知识和技术。通过构建充满活力、与产业发展紧密结合的梯度型人才体系,为长三角地区创新创业和经济发展提供坚实支撑。

二、以畅通创新要素流动为手段,筑牢人才梯队"长板"

以促进创新要素流动为手段,建立人才梯队的"长板"的关键体现在鼓励人才流动和跨界交流。构建开放式创新生态,突破行业和地域限制,吸引全球优秀人才参与。通过产学研合作的加强,将科研成果与实际应用融合,培养具有产业洞察力的创新人才。以多层次、跨领域的人才交流平台为载体,激发创新思维与合作意识,培养跨界人才领袖。同时,高能级创新平台应不断拓展国际化视野,参与国际合作创新项目,提升全球竞争力。以多种形式吸引产业界资深人士为高能级创新平台新晋人才提供产业发展和技术前沿等方面的专业指导、经验分享与资源支持。多元化高能级平台人才培养路径涵盖技能培训、创新实践等,满足不同人才需求。以高能级创新平台为基础,打造人力资源共享平台,建设有序流通渠道,加速创新要素的流通。长三角地区高能级创新平台借助创新要素流动,强调人才流动与交流,塑造人才梯队的"长板",为高能级创新平台创新创业生态提供强有力的支持。

三、积极参与跨区协同创新分工,补强人才梯队"短板"

积极参与跨区协同创新分工,成为高能级创新平台补强人才梯队"短板"的有效途径。在此框架下,长三角地区可采取多重举措。第一,在顶层设计和区域协同机制下,各城市可明确产业和专业分工,确定创新重点领域,以实现整体创新效率的提升。第二,以产业发展、布局和分工为牵引建立创新联盟,将不同城市的科研机构、高校和企业聚合起来,实现资源共享与项目合作。同时建立跨区人才培训交流机制,促进人才互访和知识交流,提升人才的综合素质。跨区域项目合作作为加速技术攻关、创新成果落地的有效方式，可以成为积聚人才密度、专业化人才分工的重要抓手，也是跨区人才交流机制的重要落地方式。在政策支持上，对跨区协同创新项目给予如资金支持和税收优惠等方式的激励政策，鼓励各城市在协同创新中发挥自身优势。最后，知识共享平台的建立有助于知识和经验的跨城市传播。这一系列举措将加强长三角地区高能级平台在跨区协同创新中的合作，弥补人才梯队"短板"，促进创新发展，推动整个区域的创新生态建设。

第三节　立足空间优化与提升，提高长三角人才密度

第一，以人才"飞地"和科研"反向飞地"为抓手，以"点—线—面"的方式构建起网络型人才集聚高地。所谓"点"，是指加快人才"飞地"和科研"反向飞地"建设。高能级创新平台在区域内或区域外选择特定领域或创新基地设立微实验中心、人才工作室、微园区等形式人才"飞地"，吸引全球优秀人才，为其提供优越的创业、研究和生活环境，推动高层次人才聚集。在产业园区或科研中心设立科研"反向飞地"，吸引国内外知名高校、研究机构参与合作，促进科技成果转化，形成创新闭环。所谓"线"，是指建设人才流动通道和合作网络，构建高效便捷的人才流动通道，包括政策支持、提供人才住房等，吸引人才在不同"飞地"之间自由流动，促进资源优化配置。同时建立跨地区的合作网络，让不同"飞地"间的人才和科研资源能够相互补充、互利共享，形成协同创新的局面。所谓"面"，是指持续打造创新生态环境，在人才"飞地"和科研"反向飞地"周边形成产业聚集区，提供便捷的创业孵化、投资融资等服务，吸引企业加入高能级创新平台的创新生态。建立公共服务平台，为高能级创新平台人才提供创新资源、培训机会等，提升人

才综合素质和创新能力。制定政策,鼓励人才"飞地"和科研"反向飞地"的建设,包括税收优惠、项目资助等,营造有利于创新的政策环境。通过上述点线面的建设,将人才"飞地"和科研"反向飞地"有机融合,构建网络型人才集聚高地,实现人才、科研和产业的协同发展,推动整个地区创新生态的繁荣。

第二,以城市功能为基础,形成"一枢纽三核心 N 通路"的高质量人才空间分布格局。以城市功能为基础,塑造高质量人才空间分布格局,需依托"一枢纽三核心 N 通路"模式,深入展开策略与措施。首先,上海作为枢纽城市,应通过建设国际化科创中心,吸引全球高层次人才,打造全球"高层次人才归国入境第一站"。通过高能级创新平台为其提供便捷的科研、创业和生活环境,为跨国企业和创新团队提供支持,使上海成为国际创新合作的引擎。其次,南京、杭州、合肥等城市作为核心,需集中力量发展各自特色高能级创新平台。例如南京可加强高等教育和科研资源整合,形成科教创新中心;杭州可继续引领互联网和高科技产业,形成基于人工智能和高性能计算的高能级创新平台;合肥则可继续强化前沿科技与创新领域的发展,形成新兴产业引领。"N 通路"的建设是核心,创新通道沿着高速铁路、高速公路和航空网络的畅通将促进人才和信息的跨城流动。再次,数字化信息平台如跨城市科研合作数据库的构建可加速知识交流和科研合作,推动产学研一体化。城市协同发展则要通过建立联盟和合作机制来实现。南京、杭州、合肥等城市间应加强产业交流、人才培养和科研合作。共享资源和经验,形成优势互补,构建区域性创新创业生态。最后,人才政策协调是不可忽视的。各城市间要协商制定一致的人才政策,如一致的人才引进、培养和激励机制,确保人才在不同城市间的流动不受制约,保持创新活力,最终实现高质量的人才空间分布格局。

第三,以优势特色产业为基础,探索建设高能级创新特色园区。在构建高能级创新园区时,以优势特色产业为基础,需要考虑多个关键要素。首先,确定园区的产业定位,将其与城市优势产业紧密结合,确保园区在特定领域具备竞争优势。其次,通过提供土地政策优惠,如降低用地成本、租金减免等,吸引创新企业入驻园区。要想实现产学研一体化,建设现代化的基础设施至关重要,包括研发实验室、科研中心等,为企业提供全面的创新支持。通过与高校、研究机构合作,促进产学研深度融合,提升产业的创新能力。再次,吸引优秀人才,提供良好的工作和生活环境,有助于人才的持续集聚。创新园区还应积极推动技术转移和成果转化,建立技术转移中心,促进科技成果的商业化进程。通过国际交流合作,引入国际前沿技术,加速创新发展。最后,创新创业文化的培育和创新创业活动的举办,将有助于塑造积极向上的创新创业氛围,为高能级创新平台为基础的创新园区建设奠定坚实基础。

第四节　立足机制创新和模式创新,提升长三角人才效能

第一,以打通"产学研用"链条为导向,加快高能级平台人才创新周期。为了加快高能级平台人才创新周期,打通"产学研用"链条,政策措施至关重要。首先,建立高峰科研项目连续资助机制,提供可持续的稳定的资金支持,鼓励人才积极探索前沿科研领域。其次,完善知识产权保护体系,保障创新成果的权益,增强创新者信心。同时应不断完善税收优惠政策,减轻创新成本,刺激更多高能级创新平台人才通过创新创业和成果转化实现对产业发展的赋能。通过创业支持平台的建设,提供资源和指导,帮助人才快速实现商业化目标。此外,积极开展人才培训和创新竞赛,提升创新能力和动力。再次,通过科技金融支持,为创新项目提供资金保障。鼓励高水平创新人才,借助全方位福利和引进政策,投身高能级创新平台。最后,促进产学研用合作,实现科研成果快速转化的协同合作机制。

第二,以融合"研投产"为手段,以正面激励为主,构建高能级创新

平台的容错机制。为鼓励包容型容错式创新活动的不断开展,应采取多角度政策体系协同,以融合"研投产"为手段,突出高能级平台人才创新激励效果。首先,设立创新试错基金,为人才提供资源,鼓励大胆尝试。其次,建立风险共担机制,减轻创新者负担,加强高能级创新平台各合作方的协同创新。再次,建立创新评价体系,兼顾创新过程和成果,为创新者提供全方位激励。加强创新孵化平台的设立和建设,为人才提供多元试错机会,促进创新思维的跨界交流。并且通过开放的知识分享、经验交流平台帮助其他人才从失败中吸取教训。在文化建设方面,鼓励创新试错,强调对失败的理解和宽容,为创新者提供更开放的环境。最后,政策激励如资金支持、荣誉奖励等,为创新试错项目提供积极激励。通过这些措施,高能级创新平台人才将更积极参与创新试错,推动创新者跨足更广阔的创新领域,为科技创新和产业升级带来新的机遇。

第三,以建设创新型城市和创新型社区为抓手,优化高能级人才发挥效能的环境。为了优化高能级人才的效能发挥,建设创新型城市和创新型社区是重要途径。首先,围绕高能级创新平台周边构建创新型城市,形成创新生态链,将高校、研究机构和企业紧密结合,促进创新要素的交流和融合。创新型城市建设可通过围绕高能级创新平台的创新孵化基地的铺开,提供场地、设施和资源支持,成为创新者交流、合作和项目启动的核心场所。其次,通过多元化的配套服务为高能级创新平台人才提供全面的支持,涵盖科研、商务和生活方面的需求。再次,通过加强创新型社区建设优化创新环境。创新型社区内设有共享办公、交流空间等物理载体,为人才创造便捷的工作、生活和交流环境。通过举办文化、艺术和科技活动,培育创新文化和交流氛围,激发跨学科的创新思维。同时,注重绿色可持续发展,打造宜居环境,让人才在生活中获得灵感和放松。最后,通过产学研深度融合,将高校、研究机构与创新型城市和社区紧密连接,推动科研成果快速转化,进一步提升高能级创新平台人才的发挥效能,推动科技创新和产业升级。

第十一章　以高能级创新平台为载体提升长三角人才国际竞争优势的政策建议

第一节　高能级平台人才机制创新政策建议

第一，建立长三角人才一体化运行机制，完善区域人才发展顶层设计。长三角地区应进一步建立完善三省一市政府人才合作协调机制，推动设立长三角三省一市高能级平台人才合作协调机制，构建联系紧密、沟通高效、协调有力的长三角人才合作机制。同时，建立高水平人才互通互认、共享共建的人才引进、评价、服务体系，加强政策协调，在税收、项目合作、人才认定等多个方面消除壁垒，打造长三角高能级平台人才更加自由、更加便捷流动的运行机制。

第二，建设人才保税区，打造长三角国际人才自由港。长三角地区可以采取"政府引导、社团牵头、企业运作"的模式，建设国际人才港物理空间、实施大规模高层次人才引进工程和设立国际人才产业基金等，打造"长三角国际人才港"，吸引和集聚更多的高层次国际人才，构建国际人才创新创业、合作交流的平台。对区内企业、机构设立的研发中心接受港澳台、国外捐赠或购入的教学科研设备、仪器、用具等，取消进口上限，给予免税或保税；对技术先进，尚未列入国家鼓励类外商投资项目的企业进口、境内不能生产或性能不能满足高层次人才企业需要的生产设备,给予进口关税和进口环节增值税税收优惠。

第三,强化区域科技创新发展的软实力根基,构建高端智库集群。首先,通过确立智库为核心平台,以智库产业园区作为培育基地和关键引擎,有效汇聚高端智力资源,进而为国家和区域科技创新政策的制定提供坚实支撑。其次,建议在长三角地区,率先开展科技创新智库产业集群的构建工作。在此过程中,必须坚持高标准定位,明确主攻方向,并致力于发展专业化的高端智库。加强对"储备性科技与产业战略政策"的深入研究,以预先洞察未来可能出现的新情况和新问题,并提前制定应对策略,为政策制定提供备选方案。最后,建议在长三角地区打造出一个具有全国乃至全球示范效应的"智库集聚区",为区域乃至国家的科技创新发展提供坚实的智力支持和政策保障。这不仅是提升区域软实力的重要举措,也是推动国家科技创新发展的重要一环。

第四,建立高能级创新平台与长三角内各科研院所之间的"旋转门"机制。探索大学、企业、研究机构与高能级创新平台的人才交流机制,如工作2—3年可返回原单位的"派出研究员"制度。完善高能级平台人才知识产权保护,实行成果责任署名制度。畅通高能级平台人才职称评定渠道,在评定标准和评审程序上参照事业单位性质的科研机构执行。

第二节　高能级平台人才载体升级政策建议

第一,探索建立人才"飞地",实现长三角各地优势互补。首先,通过多试点布局建立人才"飞地",充分发挥长三角地区的区位优势和资源优势。围绕战略性新兴产业领域,秉承"借脑研发、柔性引才、合作共赢"的理念,优化资源配置,实现高效利用。通过建设研发机构、众创空间、创新创业孵化器等方式,吸引和集聚高端人才,促进技术的创新和应用。其次,建议通过建立人才飞地最大限度地实现政府间的土地使用和空间整体转让。通过打破地域限制,推动长三角地区各城市间的深度合作与协同发展。在这个过程中,各自城市先进的发展理念、产业、投资、人才、管理等要素得以充分流动和共享,有助于提升整个区域的竞争力。此外,人才飞地的建立还能够对周边地区产生积极影响。随着飞地的快速发展,必将带动周边地区的发展,形成良好的外溢效应。这不仅有助于提升整个长三角地区的经济发展水平,还能够促进区域一体化的进程。

第二,打造"长三角人才大会"品牌。由长三角三省一市政府联合指导,民间机构组织发起,以国际化人才交流对话为平台,广泛邀请世界各国政要、知名企业和机构参加年度会议,将"长三角人才大会"打造成一个有永久会址、定期召开的国际化组织,通过"年度大会＋季度例会＋定期小会"的模式,依托社会组织策划组织、深入研究能力和媒体宣传能力,为长三角持续不断地提供高端智力支持,形成长三角版本的国际化人才交流平台。

第三,设立海外高层次人才交流中心,试点对海外高层次人才实行快捷入境政策。海外高层次人才对我国现代化建设具有不可替代的作用。鉴于此,建议在长三角地区试点实行针对海外高层次人才的快捷入境政策,以吸引更多华人华侨中的高层次人才回国参与发展。具体措施包括在上海、江苏和浙江等地实施便利政策,优先审理华人华侨中高层次人才的出入境申请。这将为海外华裔高层次人才提供交流合作、创新创业和生活服务等方面的便利,促进长三角地区的经济社会发展。利用自贸区的政策优势,建议对"外国人永久居留身份证"审批管理办法进行适当修改,降低申请门槛,设置更加灵活务实的申请条件,以吸引更多海外华人高层次人才。建议成立专门服务于长三角建设的海外高层次人才交流中心,以及"长三角海外高层次人才联谊会"。通过这些机构加强与海外高层次人才的联系,定期发布长三角地区的发展需求,形成需求目录。借助联谊会的桥梁作用,延揽具有专业优势、符合长三角发展需求的资金、项目和团队,为长三角地区的高能级平台发展贡献力量。

第三节　高能级平台人才引进开放政策建议

第一，实施"长三角全球高层次英才招聘工程计划"，推动落实引才系统化精准化。首先，实施"长三角全球高层次英才集聚计划"。该计划旨在以系统化、精准化的方式，积极引进全球范围内的高层次人才，以此推动长三角地区的创新驱动与产业升级。其次，充分利用长三角地区内上海、杭州、南京等城市的国际化优势，开展全球英才招聘活动，尤其关注海外浙江籍高端留学人才与华裔人才，同时补充引进外国高级人才。再次，加强与海外人才社团的合作，吸纳具备战略意义与领军作用的全球顶尖人才，为长三角地区的人才竞争力和创新能力注入新动力。同时，构建与国际接轨的外籍雇员管理体系，适应全球化人才流动趋势，提高人才使用的灵活性与实效性。建议根据紧缺性、非涉密等原则，鼓励政府机关、事业单位等用人单位灵活聘用长期或不定期的外籍人才，进一步优化人才使用机制，提高长三角地区人才工作的实效性。

第二，实施"长三角拔尖海外人才计划"，精准延揽国际顶尖人才。围绕长三角区内高能级创新平台定位，建立紧缺人才清单制度，定期面向全球发布紧缺人才需求，面向全球引进高端人才及团队，瞄准全球顶尖高校、科研院所、知名企业的头部、核心的拔尖人才及项目团队，以"个人单独、团队打包"的打包方式重点引进，拓宽国际人才招揽渠道。按照统一人才政策进行管理、落实政策资助和配套服务，提供一揽子创新创业"上门服务"，一站式生活居住配套服务，帮助国际顶尖人才更好地在扎根长三角地区、服务长三角高能级创新平台发展。

第三，成立卓越留学生招生计划，全面提升接收留学生的水平层次。由上海、江苏、浙江的高校联盟牵头，成立"卓越留学生招生计划"，对于入选"卓越留学生培育计划"的学子，高能级创新平台将提供从入学到毕业的全程奖学金及生活补助,确保他们在学术和生活上都能得到充分的支持。对于毕业后符合一定条件的留学生,有关部门将积极协助他们申请在华永久居留资格认证,并鼓励他们留在长三角地区就业创业,为区域的发展贡献自己的力量。此外,政府还将为入选的留学生提供签证、科研、实习、兼职、交通、医疗等全方位的留学便利服务,为他们创造一个良好的学习与生活环境。通过实施该计划,不仅有利于提升长三角接收留学生的整体水平,更能够吸引更多的国际人才来到长三角,共同推动区域的创新与发展。

第四节 高能级平台人才培育政策建议

第一,建立长三角高等教育资源共享平台。通过该平台,长三角地区的大学可以共享彼此的资源,包括图书馆、实验室、研究设施等。这将提高资源的利用效率,并降低重复投入的成本。同时加强学科交叉和融合,通过长三角地区三省一市的政策顶层设计,鼓励长三角地区大学学科之间的交叉融合,以产生新的科研方向和创新能力。在跨省市的成果认证、业绩共享等方面的政策机制创新,打破长三角区域内大学内研究人员协作创新的壁垒。

第二,打造以长三角高校联盟为基础的高能级创新平台。加强产学研合作。促进长三角地区的大学和企业应加强跨省市的产学研合作,共同推动长三角地区科技创新和成果转化。通过合作,长三角区域大学高能级创新平台可以合作共同承担高能级战略性重大项目。通过整合长三角的高校资源开展具有重大社会意义的技术创新等,提升长三角城市的协同创新能力,也能够吸引更多的国内外人才和资源。同时打造以长三角高校联盟为基础的科技园区。长三角地区可以打造若干个大学联盟科技园区,集聚一批具有国际竞争力的学者、企业和研究机构。这些科技园区可以成为创新平台的重要组成部分,为城市经济的可持续发展提供支持。

第五节　人才流动与合作促进政策建议

第一，借鉴国际经验，建立长三角高能级创新平台人才流动合作机制。长三角区域可以借鉴国内外区域一体化的税收政策经验，通过建立区域税收协同发展机制，实现高能级平台人才在长三角区域的自由流动和优化配置。首先，可以建立长三角区域税收优惠共享机制，对在长三角区域内高能级创新平台的高端和急需紧缺人才给予税收优惠政策，包括个人所得税减免、研发费用加计扣除等措施。其次，可以建立长三角区域人才流动合作机制，通过政府引导、市场运作的方式，推动人才在长三角区域内的自由流动和合理配置。例如，可以建立长三角区域人才信息共享平台，加强区域内城市之间的高能级创新平台人才信息交流和合作，实现人才资源的优化配置。

第二，优化人才流动渠道，促进长三角区域人才市场一体化。长三角区域可以加强城市间合作，优化人才流动渠道，推动人才市场一体化发展。可以建立长三角区域人才流动平台，为各类人才提供便捷、高效的服务，包括人才引进、培养、评价、流动等服务。同时，可以加强城市间的人才交流合作，通过举办人才招聘会、人才培训班等活动，促进各类人才在长三角区域内的合理流动和优化配置。

第六节　长三角高能级平台人才
服务政策建议

第一，完善人才服务体系，提升长三角区域人才服务水平。长三角区域可以完善人才服务体系，提升长三角区域人才服务水平。可以建立长三角区域人才服务共享平台,为各类人才提供全方位的服务,包括住房保障、医疗保健、子女教育等方面。同时,可以加强城市间的人才服务合作,通过资源共享、优势互补的方式,提升整个区域的综合竞争力。

第二,推动长三角三省一市海外人才基本公共服务互认互通制度,畅通人才服务渠道。推进长三角四地人才在跨境公共服务和社会保障方面的无缝对接,加强长三角地区三四线城市在跨境公共服务和社会保障方面的衔接。具体而言,在社保方面,建议逐步放开长三角三省一市社会保障服务的衔接渠道,实现社保信息的互认互通,确保人才能够同时享有长三角和户籍所在地的福利待遇。同时,对于那些在长三角地区工作的高层次创新人才,应允许他们在长三角地区内缴存公积金,并按照规定提取和使用公积金贷款。在医疗方面,应完善高层次人才在长三角区域内跨省市就医的相关政策。建议建立长三角三省一市通用的电子医保卡,确保医保卡持有者在四地就医时能够快速获得所需的医疗服务,为人才在长三角地区的流动提供医疗保障。在教育方面,建议深度整合长三角四地的高等教育资源,加强办学经验和一流学科的交流与借鉴。通过实现四地教育资源的互享互用,进一步提升长三角地区的教育水平,为人才的培养和发展提供更好的环境。

第三、打造长三角国际创新创业金融服务中心,推动长三角内创投资金互联互通便利化。建议构建长三角国际创新与创业金融服务枢纽,旨在提升长三角地区内部风险投资资本的流动性和便捷性。利用上海在国际金融领域的优势,进一步加深与江苏、浙江和安徽在金融领域的协作。通过积极响应"一带一路"倡议以及实施区域一体化战略,强化跨国金融业务、金融组织、可持续金融以及"一带一路"金融合作。在传统金融业务的基础上,重点培育和发展新兴金融业务,将长三角区域塑造成一个以创新金融产业、市场和管理体系为核心的国际金融枢纽,以此支持和引领实体经济的增长。

此外,建议成立一个旨在引导国际人才进行创新和创业的基金,为关键产业领域的创新项目在早期阶段提供必要的资金支持。同时，将建立一个区域性的股权投资基金，以培养和支持各类风险投资和信用担保机构，借助社会资本为长三角地区的创新和创业活动提供资金支持。通过创新金融产品、支持资本市场融资、完善政策框架、加强资金筹集培训和服务等措施，我们将全力支持具有国际视野的高端人才在长三角地区进行创新和创业活动。

参考文献

［1］ 白静.打破产业瓶颈推动 5G 应用规模化发展《关于推进 5G 轻量化
（RedCap）技术演进和应用创新发展的通知》解读［J］.中国科技产业，
2023（11）：14-16.

［2］ 北京市经济和信息化局关于印发《北京市数字经济全产业链开放发展行
动方案》的通知［J］.北京市人民政府公报，2022，34：16-28.

［3］ 陈爱平.上海：打造 5G 应用"扬帆之城"［N］.经济参考报，2023-12-04
（005）.

［4］ 国家信息化发展战略纲要［M］.北京：人民出版社，2016.

［5］ 韩保江."十四五"《纲要》新概念——读懂"十四五"的 100 个关键词
［M］.北京：人民出版社，2021.

［6］ 何洁，郑英姿.美国能源部国家实验室的管理对我国高校建设国家实验
室的启示［J］.科技管理研究，2012，32（3）：68-72.

［7］ 胡世良.把握数字化发展机遇推动企业高质量发展——2022 年运营商
年报解读［J］.中国电信业，2023（4）：12-17.

［8］ 胡世良.5G 迈向更高质量发展新阶段［J］.中国电信业，2023（6）：12-15.

［9］ 黄韬，刘江，汪硕，等.未来网络技术与发展趋势综述［J］.通信学报，
2021，42（01）：130-150.

［10］ 加快 5G 网络建设点燃数字化转型新引擎［N］.人民邮电，2020-03-05
（003）.

［11］ 柯世源.硅谷和旧金山湾区的科技经济［J］.全球科技经济瞭望，2002
（8）：47-48.

［12］ 李永清.硅谷成功秘诀新探：基于公共管理视角的分析［J］.特区实践与

理论,2009(06):31-35.

[13] 李永清.硅谷成功秘诀新探:基于公共管理视角的分析[J].特区实践与理论,2009(6):31-35.

[14] 刘欣博.美国旧金山湾区高新技术产业创新体系研究[D].长春:吉林大学,2020.

[15] 罗延,权伟,张宏科.6G关键技术标准化的思考与建议[J].中国工程科学,2023,25(6):18-26.

[16] 玛格丽特·奥马拉.硅谷密码:科技创新如何重塑美国[M].北京:中信出版社,2022.

[17] 邱凤才.美国旧金山湾区的人才生态特征[J].中国人才,2022(2):62-63.

[18] 全球化智库南方国际人才研究院.2018粤港澳大湾区人才发展报告[EB/OL].(2019-04-16)[2022-10-23].https://max.book118.com/html/2019/0416/6100222051002023.shtm.

[19] 让全面放开宽落户限制来得更快些[N].第一财经日报,2023-07-19(A02).

[20] 任泽平.中美科技实力对比:体制视角[J].发展研究,2018(10):4-11.

[21] 孙滔,周铖,段晓东,等.数字孪生网络(DTN):概念、架构及关键技术[J].自动化学报,2021,47(03):569-582.

[22] 唐巧盈.中国特色网络空间治理:理论探寻与实践研究[D].上海:上海社会科学院,2022.

[23] 唐万恺.基于智能超表面的无线通信系统设计与信道特性研究[D].南京:东南大学,2021.

[24] 王春泽,宋福旺,徐浩然,等."5G＋工业互联网"发展进入"快车道"三大挑战待解[J].通信世界,2022,23:37-39.

[25] 王东,管婉青,张海君,等.基于人工智能的6G网络技术[J].无线电通信技术,2021,47(6):724-731.

[26] 王改静.5G终端业务的技术特点及发展趋势研究[J].数字通信世界,2023(4):177-179.

[27] 王倩.大数据时代背景下计算机远程网络通信技术变革探究[J].计算机产品与流通,2020(1):55.

［28］ 王玉峰,成昊沅.6G 愿景:超越 ICT[J].中国工业和信息化,2023(7):20-25.

［29］ 向军.公安部:全面放宽大城市落户 完善超大特大城市积分落户[N].中国房地产报,2023-08-07(003).

［30］ Qualcomm 骁龙 5G 终端解决方案助力中国"新基建"[J].通信世界,2020(13):31-32.

［31］ 叶正飞.5G 无线通信的相关应用分析[J].电子元器件与信息技术,2021(10):166-167.

［32］ 尤肖虎.网络通信融合发展与技术革命[J].中国科学:信息科学,2017,47(1):144-148.

［33］ 袁静娴.中兴通讯:数字经济筑路者[N].深圳商报,2023-06-15(A03).

［34］ 粤港澳人才一体化助力大湾区建设[J].国际人才交流,2019(3):16-19.

［35］ 5G 在美国的发展现状[J].电信工程技术与标准化,2021(11):9-15＋44.

［36］ 张梦迪.粤港澳大湾区政产学研协同创新生态系统价值共创研究[D].广州:广东省社会科学院,2021.

［37］ 张燕.粤港澳大湾区创新人才高地建设机制探索[J].江苏商论,2023(10):60-64＋68.

［38］ 张晔.三项重大科研成果发布　奠定未来网络发展基础[N].科技日报,2022-08-25(001).

［39］ 郑金连.粤港澳大湾区高水平人才高地建设的几点思考[J].神州学人,2023(5):30-33.

［40］ 中国网络空间研究院.世界互联网大会蓝皮书——世界互联网发展报告 2019[M].北京:电子工业出版社,2019.

［41］ 种璟,唐小勇,朱磊,等.5G 关键技术演进方向与行业发展趋势[J].电信科学,2022,38(5):124-135.

［42］ 周连义,邓崇昉,裴兆斌.国内外典型湾区发展经验对辽宁沿海经济带建设的启示[J].海洋经济,2021(2):104-110.

［43］ 周巍.5G 关键技术的研究及方向[J].中国新通信,2018,20(6):29-31.

［44］ 周昕.圣何塞建设"创新型城市"对武汉的启示[J].武汉商业服务学院学报,2012,26(1):14-17.

[45] Bhaskar Chakravorti, Ajay Bhalla, Ravi Shankar Chaturvedi. Charting the Emerging Geography of AI[R]. Harvard Business Review, 2023.

[46] Blayne Haggart, Natasha Tusikov, Jan Aart Scholte. Power and Authority in Internet Governance Return of the State? [M]. London: Routledge, 2021.

[47] Iginio Gagliardone. China, Africa, and the Future of the Internet[M]. London: Zed Books, 2019.

[48] Jack Goldsmith, Tim Wu. Who Controls the Internet? Illusions of Borderless World[M]. New York: Oxford University Press, 2006.

[49] James Griffiths. The Great Firewall of China: How to Build and Control an Alternative Version of the Internet[M]. London: Zed Books, 2019.

[50] Kieron O'Hara, Wendy Hall. Four Internets: Data, Geopolitics, and the Governance of Cyberspace[M]. New York: Oxford University Press, 2021.

[51] Mark Muro and Sifan Liu. The Geography of AI: Which Cities Will Drive the Intelligence Revelotion? [M]. Washington, D. C. : Brookings Institution, 2021.

[52] Nigel Inkster. China's Cyber Power[R]. London: The International Institute for Strategic Studies, 2015.

[53] Yu Hong. Networking China: The Digital Transformation of the Chinese Economy[M]. Chicago: University of Illinois, 2017.